Elemente der Politik

Reihe herausgegeben von
Hans-Georg Ehrhart, Hamburg, Deutschland
Bernhard Frevel, Münster, Deutschland
Klaus Schubert, Münster, Deutschland
Suzanne S. Schüttemeyer, Halle, Deutschland

Die ELEMENTE DER POLITIK sind eine politikwissenschaftliche Lehrbuchreihe. Ausgewiesene Experten und Expertinnen informieren über wichtige Themen und Grundbegriffe der Politikwissenschaft und stellen sie auf knappem Raum fundiert und verständlich dar. Die einzelnen Titel der ELEMENTE dienen somit Studierenden und Lehrenden der Politikwissenschaft und benachbarter Fächer als Einführung und erste Orientierung zum Gebrauch in Seminaren und Vorlesungen, bieten aber auch politisch Interessierten einen soliden Überblick zum Thema.

Weitere Bände in der Reihe http://www.springer.com/series/12234

Josef Klein

Politik und Rhetorik
Eine Einführung

Josef Klein
Berlin, Deutschland

ISSN 2627-2903　　　　　　　ISSN 2627-2911　(electronic)
Elemente der Politik
ISBN 978-3-658-25454-4　　　ISBN 978-3-658-25455-1　(eBook)
https://doi.org/10.1007/978-3-658-25455-1

Die Deutsche Nationalbibliothek verzeichnet diese Publikation in der Deutschen
Nationalbibliografie; detaillierte bibliografische Daten sind im Internet über
http://dnb.d-nb.de abrufbar.

Springer VS
© Springer Fachmedien Wiesbaden GmbH, ein Teil von Springer Nature 2019
Das Werk einschließlich aller seiner Teile ist urheberrechtlich geschützt. Jede
Verwertung, die nicht ausdrücklich vom Urheberrechtsgesetz zugelassen ist,
bedarf der vorherigen Zustimmung des Verlags. Das gilt insbesondere für
Vervielfältigungen, Bearbeitungen, Übersetzungen, Mikroverfilmungen und die
Einspeicherung und Verarbeitung in elektronischen Systemen.
Die Wiedergabe von allgemein beschreibenden Bezeichnungen, Marken,
Unternehmensnamen etc. in diesem Werk bedeutet nicht, dass diese frei durch
jedermann benutzt werden dürfen. Die Berechtigung zur Benutzung unterliegt,
auch ohne gesonderten Hinweis hierzu, den Regeln des Markenrechts. Die Rechte
des jeweiligen Zeicheninhabers sind zu beachten.
Der Verlag, die Autoren und die Herausgeber gehen davon aus, dass die
Angaben und Informationen in diesem Werk zum Zeitpunkt der Veröffentlichung
vollständig und korrekt sind. Weder der Verlag, noch die Autoren oder die
Herausgeber übernehmen, ausdrücklich oder implizit, Gewähr für den Inhalt
des Werkes, etwaige Fehler oder Äußerungen. Der Verlag bleibt im Hinblick auf
geografische Zuordnungen und Gebietsbezeichnungen in veröffentlichten Karten
und Institutionsadressen neutral.

Springer VS ist ein Imprint der eingetragenen Gesellschaft Springer Fachmedien
Wiesbaden GmbH und ist ein Teil von Springer Nature
Die Anschrift der Gesellschaft ist: Abraham-Lincoln-Str. 46, 65189 Wiesbaden,
Germany

Inhalt

Abbildungs- und Tabellenverzeichnis IX

1 **Einleitung** 1
2 **Der Ort der Rhetorik in der Politik** 5
2.1 Öffentlichkeit und Meinungsfreiheit
als Bedingungen politischer Rhetorik 5
2.2 Rhetorische Grundkonstellation 7
2.3 Hauptfunktion: Persuasion 9
2.4 Rahmen für politische Rhetorik 13
   2.4.1 Politisches System 13
   2.4.2 Gesellschaft 16
   2.4.3 Medien: Formate, Anforderungen,
         Praktiken 23

3 Dimensionen politischer Rhetorik 39
3.1 Rationalität 39
3.2 Emotionalität 45
    3.2.1 Emotionstypen 45
    3.2.2 Sprachliche Formen 47
    3.2.3 Eigengruppe und Gegner 51
    3.2.4 Normativität und Umstrittenheit 53
    3.2.5 Emotionscluster 54
3.3 Emittent-Adressaten-Beziehung 55
    3.3.1 Image – Das Bild der Adressaten vom Emittenten 55
    3.3.2 Partnerhypothesen – Das Bild des Emittenten von den Adressaten 57
    3.3.3 Modellierung der Emittenten-Adressaten-Beziehung 58

4 Politische Rhetorik als sprachliches Handeln 65
4.1 Argumentieren. Der zentrale rhetorische Handlungstyp 65
    4.1.1 Strittigkeit und Konklusivität 65
    4.1.2 Komplexität und Vielfalt 71
    4.1.3 Topik: Argumenttypen einzeln und im Verbund 75
    4.1.4 Topik des Kontra-Argumentierens ... 79
    4.1.5 Personentopik 83

4.2 Begriffe 86
   4.2.1 Wörter als Macht: Die Konstitutionsfunktion der Begriffe 86
   4.2.2 Ausdruck, Bedeutung, Referenz. Die Struktur politischer Begriffe 98
   4.2.3 Der Kampf um Begriffe: Begriffsstrategische Operationen 101
4.3 Sätze 113
   4.3.1 Sätze als Sprechakte 113
   4.3.2 Der Satz als Domäne rhetorischer Figuren 116
   4.3.3 Saliente politische Sätze 123
4.4 Reden und Texte 127
   4.4.1 Typen der Themenentfaltung 127
   4.4.2 Dominierendes topisches Muster 130
   4.4.3 Parlamentarisches Debattieren: Plenum, Fraktion, Ausschuss 138
   4.4.4 Exkurs zu Verhandlung und Kompromiss 141
   4.4.5 ‚Narratio'. Erzählen in politischen Texten und Reden 142
   4.4.6 Die ‚Große Rede': Gedenken, Protest, Vision 146
4.5 Kampagnen 158
   4.5.1 Identifikation und Enthusiasmus. Die Obama-Kampagne 2008 160
   4.5.2 Identifikation und Hass. Die Trump-Kampagne 2016 162
   4.5.3 Moderate Emotionen und Konfrontationsvermeidung. Die CDU-Kampagne 2013 164

4.6 Diskurse 170
    4.6.1 Der Diskursbegriff 170
    4.6.2 Argumentation im Diskurs:
          Topik-Konzepte 172
    4.6.3 Erzählung im Diskurs: Exemplum,
          Narrativ, Mythos 181

5 Ethik und politische Rhetorik 187
5.1 Universalistische Kommunikationsethik vs.
    partikularistische Zweckrationalität 187
5.2 Offener Verstoß gegen
    die Kommunikationsethik oder:
    Einführung in populistische Rhetorik 188
5.3 Kaschieren 192
5.4 Diskriminierungsfreie Sprache:
    PC – Antipode rechtspopulistischer
    Rhetorik 194

6 Resonanz 199

Kommentierte Literaturhinweise 205

Literatur 209

Abbildungs- und Tabellenverzeichnis

Abbildungen

Abb. 4.2.1 Wirtschaftsliberales Schlagwortnetz *Reform* 90
Abb. 4.6.2 (1) Willkommensdiskurs 176
Abb. 4.6.2 (2) Migrationskritischer Gegendiskurs 177

Tabellen

Tab. 3.2.1 Emotionen 48
Tab. 4.1.4 Topik der Kontra-Argumente in der Handlungsdimension 81
Tab. 4.2.1 Metaphernnetz Zuwanderung ... 95

Tab. 4.3.2	Die 10 wichtigsten rhetorischen Figuren; Beispiel: Bundeskanzler Schröders Agenda-2010-Rede	118
Tab. 4.4.2 (1)	Komplexes topisches Muster politischer Rede; Beispiel: Bundeskanzlerin Merkel (CDU) zur Euro-Rettung	132
Tab. 4.4.2 (2)	Topik der Präambel der Uno-Charta	136
Tab. 4.6.2	„Topologische Diskursformation ‚Agenda 2010'"	180

1
Einleitung

Wer gewählt werden will, muss überzeugend reden können. Wer erfolgreich opponieren will, ebenfalls. Obwohl in Demokratien Politik in Sprache konzipiert, debattiert, erklärt und in Frage gestellt wird, sind politische Sprache und Rhetorik für die Politikwissenschaft unbetretenes Gelände. Dieser Band soll einen Zugang schaffen. Über die weitgehende Beziehungslosigkeit zwischen Politikwissenschaft und wissenschaftlicher Rhetorik muss man umso mehr irritiert sein, als der erste bedeutende Politikwissenschaftler – Aristoteles (384–322 v. Chr.) – gleichzeitig der erste bedeutende (und bis heute bedeutendste) wissenschaftliche Rhetoriker war. Das Abreißen der Beziehung hat Gründe: Ganze Epochen, der größte Teil der europäischen Geschichte, ließen weder ein freies Denken über Politik noch die freie politische Rede zu. Rhetorik wurde verengt auf literarische Rhetorik und

Stillehre. Daran krankt sie in der Vorstellung vieler noch heute. Darüber ist sie jedoch schon lange weit hinaus. Während rhetorische Literatur über weite Strecken ihrer Geschichte präskriptiv, d. h. durch Rede-Vorschriften geprägt war, versteht sich heutige wissenschaftliche Rhetorik deskriptiv-analytisch.

Nachdem in den 1950er Jahren die aristotelische Rhetorik von starken wissenschaftlichen Persönlichkeiten wie Chaim Perelman und Stephen Toulmin als das, was sie ist – Debatten- und Argumentationsrhetorik – wiederbelebt wurde, gabe es mehrere Schübe, diese Linie der wissenschaftlicher Rhetorik fortzuentwickeln zu einer Lehr- und Forschungsressource, die in die Mitte des politikwissenschaftlichen Selbstverständnisses gehört. In der Linguistik war das die Wende weg von der generativen Grammatik zur Pragmatik, die Sprache als Kommunikationsmittel versteht, und zur Diskurssemantik, die sich für das Operieren mit Begriffen interessiert. Seit zwei Jahrzehnten beschleunigt sich die Entwicklung. In der Sprachwissenschaft hat sich die Politolinguistik etabliert und ist teilweise in der politikwissenschaftlichen Lehre engagiert. Die Kognitionswissenschaften liefern in der kognitiver Semantik und der Framingforschung Ergebnisse, die politikwissenschaftlich kaum beachtet wurden, jedoch in der politischen Beratung und Kampagnenplanung seit einigen Jahren eine feste Rolle spielen. Die Beiträge der jüngeren Medienwissenschaft zur Resonanzforschung und der Psychologie, vor allem der Emotionspsychologie, ermöglichen das Verhältnis von politischer Argumentation und Emotion genauer zu bestimmen denn je.

Damit ist das Areal umrissen, innerhalb dessen sich dieser Band bewegt.

Das erste Kapitel im Anschluss an diese Einleitung bettet politische Rhetorik in ihre Kontexte ein: das politische System, die Gesellschaft und die Welt der Medien. Aufgrund der engen Verzahnung der Medien mit rhetorischen Prozessen dringt dieser Abschnitt schon tief in Einzelheiten wichtiger Medienformate vom Interview bis zum Tweet ein. Kapitel 3 wendet sich den Dimensionen zu, in denen sich Rhetorik in der Politik entfaltet: Rationalität, Emotionalität und Redner/Autor-Publikum-Beziehung. Ein Schwerpunkt liegt auf der bislang kaum untersuchten Rolle von Emotionen in politischer Kommunikation. Zum ersten Mal überhaupt wird eine vollständige Typologie der politisch relevanten Emotionen vorgelegt. Die dabei gewonnenen Erkenntnisse werden auch in den weiteren Kapiteln genutzt. Kapitel 4 ist das umfangreichste. Ausgerichtet an der Systematik der Sprachstruktur von der kleinsten Einheit Wort/Begriff über Satz, Rede, Text und Kampagne bis zur umfangreichsten, dem Diskurs, werden die Formen, in denen sich Rhetorik als persuasiv ausgerichtetes sprachliches Handeln vollzieht, durchgearbeitet. Dabei zeigt sich, dass Argumentieren als wichtigster politischer Handlungstyp auf allen Strukturebenen der Sprache ab dem Wort aufwärts präsent ist. Das wichtigste Ordnungsprinzip politischen Argumentierens stellt die Topik zur Verfügung. Sie ordnet die unendliche Vielzahl möglicher Argumente einer überschaubaren Anzahl von Argumentationstypen und -mustern zu. In diesem Band ist es erstmals gelungen, die Topik des bislang vernachlässigten Bereichs der Kontra-Argumentation zu klären. Den Abschluss bilden Kapitel zum Verhältnis politischer Rhetorik zu Ethik der Kommunikation sowie zur Resonanz von Rezipienten auf politische Botschaften.

Der Versuchung, es bei theoretischen Ausführungen zu belassen, wird durch die reichliche Verwendung von Beispielen begegnet. Von einer Spezifizierung ideologie- oder parteispezifischer Rhetoriken vom Typus ‚grüne Rhetorik' ist nicht nur aus Gründen des Umfangs abgesehen worden. Wichtiger ist, dass die demokratischen Parteien sich in den gleichen sprachlichen Kategorien bewegen (Begriffstypen, Sprechakte, Text- und Redetypen etc.), auch wenn bspw. das Arsenal der besonders hoch geschätzten Begriffe in jeder Partei anders gemischt ist. Die Einführung der Kategorie ‚populistische Rhetorik' in Kapitel 5.2 widerspricht dem nur scheinbar. Denn bei den demonstrativ offenen Verstößen von Rechtspopulisten gegen kommunikationsethische Basisnormen handelt es sich nicht um ein Verhalten, das alle Parteien im Prinzip ebenfalls praktizieren, sondern – in dem Ende 2018 überblickbaren Zeitraum – um ein Alleinstellungmerkmal von Rechtpopulisten. Darauf hinzuweisen verstößt nicht gegen die Unparteilichkeitspflicht, die sich der Autor dieses Bandes auferlegt.

2

Der Ort der Rhetorik in der Politik

2.1 Öffentlichkeit und Meinungsfreiheit als Bedingungen politischer Rhetorik

Politik ist der Bereich, in dem die für das Gemeinwesen bedeutsamen Fragen behandelt und für alle bindend entschieden werden. Letzteres bedeutet Macht auszuüben. In nicht-demokratischen politischen Systemen geschieht dies vielfach im kleinsten Kreis der Herrschenden ohne Transparenz und ohne Beteiligung des Staatsvolks. Öffentlich findet im Wesentlichen Propaganda statt, begleitet von Unterdrückung abweichender Meinungen. Für *demokratisch-rechtsstaatliche Systeme* sind dagegen Öffentlichkeit und Meinungsfreiheit von zentraler Bedeutung.

Öffentlichkeit ist Merkmal einer Gesellschaft, in der

den Menschen breite Informationsmöglichkeiten über die politischen Entscheidungsprozesse ('Transparenz') sowie die Möglichkeit sich darüber auszutauschen zur Verfügung stehen. In modernen Gesellschaften geschieht dies insbesondere über die Medien. Öffentlichkeit endet an der Grenze zur Privatsphäre der Bürger/-innen (vgl. Arendt 2002, Kap.2). Mit dem Siegeszug ‚Sozialer Netzwerke' ist diese Grenze allerdings fließend geworden.

Meinungsfreiheit ist unter den Bedingungen von Öffentlichkeit nicht darauf beschränkt, im privaten Rahmen die eigene Meinung gefahrlos kund zu tun, sondern bedeutet das Recht, sie gegenüber beliebigen Mitbürgerinnen und Mitbürgern ungehindert zu äußern – ein Grundrecht mit der Chance auf Mitwirkung in Zivilgesellschaft und Politik. Meinungsfreiheit ermöglicht Wettbewerb zwischen den Trägern unterschiedlicher Meinungen um Zustimmung. Das ist der Ort der *politischen Rhetorik*.

Den Rahmen dafür bieten in modernen demokratischen Staaten

- in verfassungsrechtlicher Hinsicht: die Grundrechte, neben den Freiheitsrechten insbesondere die Gleichheit vor dem Gesetz, politischer Wettbewerb sowie praktizierte Rechtsstaatlichkeit; ansonsten wäre Meinungsfreiheit gefährdet,
- in gesellschaftlicher Hinsicht: Pluralismus samt politisch wacher und aktiver Zivilgesellschaft; ohne sie würde sich das Spektrum des politischen Meinungsstreits auf ein für gelebte Meinungsfreiheit gefährliches Maß verengen.

Der demokratische Wettbewerb um personelle, institutionelle und sachfragenbezogene politische Macht geschieht nicht als bloßes Nebeneinander konkurrierender Warenangebote. Es ist ein vorwiegend sprachlich ausgetragener Kampf. Das eigene konzeptionelle und personelle Angebot wird möglichst attraktiv dargestellt und das der politischen Gegner kritisiert und attackiert. Im Blick sind dabei immer die Dritten, die entscheiden – letztlich vor allem die Wählerschaft.

2.2 Rhetorische Grundkonstellation

Darin ist unschwer die *Grundkonstellation* der Rhetorik des Aristoteles zu erkennen. Sie ist an der frühdemokratischen Verfassung des antiken Athen orientiert:

Redner, Kontrahent, und das *Auditorium als Entscheider.*

Rede, Gegenrede und Entscheidung finden in unmittelbarer Folge am selben Ort am selben Tag statt.

Im Hinblick auf die gegenwärtigen Bedingungen politischer Rhetorik ist es sinnvoll, das aristotelische Modell inhaltlich zu ergänzen und terminologisch zu modifizieren. Zwar ist die Grundkonstellation in modernen Demokratien keineswegs verschwunden. Doch erfährt sie entsprechend der Komplexität heutiger Gesellschaften, ihrer institutionellen und medialen Vielfalt zahlreiche Ausprägungen, die sämtliche Komponenten des Grundmodells betreffen. Zur politischen Rhetorik gehört nicht nur reden, sondern auch schreiben. Daher wäre die Bezeichnung *Redner* zu eng. Der Terminus *Emittent* umfasst Redner/-innen und Schreiber/-innen, seien es Einzelpersonen, seien es Kollektive (Parteien, Verbände, Protestbewegungen u. Ä.), kurz diejenigen, die – auch im juristischen Sinne – die Verantwortung tragen. Als befürwortende heißen sie *Proponent,* als widersprechende *Opponent.* Unter dem Aspekt der zwischen ihnen herrschenden Uneinigkeit werden beide unter der Bezeichnung *Kontrahenten* zusammengefasst.

Diejenigen, die eine politische Botschaft vernehmen, heißen *Rezipienten.* Die, an die sie gerichtet ist, werden als *Adressaten* bezeichnet, seien es die Zuhörer/-, Zuschauer/- oder Leser/-innen. Wo Emittenten auf den ersten Blick sich an ein unbestimmtes Publikum zu wenden scheinen, zeigt genaue Analyse vielfach, dass primär bestimmte *Adressatengruppen* – nicht selten mehrere – angesprochen sind *(Mehrfachadressierung).* Direkt oder indirekt angesprochen sind meist auch die politischen Gegner. Insofern besteht zwischen Kontrahenten ebenfalls ein Adressierungsverhältnis. Gleichwohl sind, wenn in diesem Band die Begriffe *Adressaten* und *Adressatengruppen* verwendet werden, Personen(gruppen) gemeint, die in der Standardsprache als *Publikum, Auditorium, Zuschauer, Zuhörer, Leser(schaft), Wähler(schaft)* etc. bezeichnet werden. Bei Bezug auf die Adressierung politischer Konkurrenten wird dies eigens vermerkt. Dies alles gilt für politische Rhetorik in institutionellen Gremien ebenso wie in Medienformaten oder in informellen Spontansituationen.

Eine Dynamisierung des Grundmodells erfolgt vielfach dadurch, dass Adressaten es als Reaktion nicht bei

Applaus oder unspezifischen Missfallensbekundungen belassen, sondern zu opponierenden oder zustimmenden Emittenten werden, indem sie etwa im Straßenwahlkampf, in Townhall-Meetings, per Leserbrief oder Internet-Kommentar selber ‚das Wort ergreifen'.

Medien verschiedenster Art lassen Entfernungen beliebiger Weite zwischen Emittenten und Adressaten, auch zwischen Kontrahenten zu. Vor Entscheidungen laufen Debatten durchweg über mehrere Stationen zeitlich entkoppelt, oft mit wechselndem Personal, teils im Rahmen von Verfahren, teils in öffentlichen Debatten von unbestimmter Dauer, sog. ‚Diskurse', welche die Grenzen politischer Institutionen übersteigen. Einzelne Reden und Texte können für politische Entscheidungen ausschlaggebend sein. Doch eher leistet das in modernen Großgesellschaften die durch Wiederholung, Variation und Multimedialität geprägte rhetorische Wucht von *Kampagnen* und *Diskursen*.

2.3 Hauptfunktion: Persuasion

Der Ausdruck „Rhetorik" wird in drei unterschiedlichen Bedeutungen verwendet:

1. die „Kunst der Rede", verstanden als Fähigkeit von Menschen hervorragend zu reden u./o. zu schreiben, z. B. „Obamas Rhetorik" (Rh 1)
2. die „Lehre" bzw. wissenschaftliche Disziplin, die Rh 1 zum Gegenstand hat, z. B. „Rhetorik als eine Vorgängerin der Kommunikationswissenschaft" (Rh 2).

3. das Konzept von Rede- bzw. Schreibkunst, das von Repräsentanten oder Schulen der Rhetorik-Lehre vertreten wird (Rh 3), z. B. die „aristotelische Rhetorik" mit ihrer Betonung von Argumentation und Debatte.

In diesem Band wird der Begriff so benutzt, dass aus dem jeweiligen Kontext deutlich wird, welche Bedeutung gemeint ist.

Für Rhetorik als Fähigkeit *hervorragend* zu reden u./o. zu schreiben (Rh 1) gibt es seit jeher unterschiedliche Qualitätsmaßstäbe. Wo entscheidungsrelevante öffentliche Debatten bestimmend sind – vom altgriechischen Stadtstaat ('Polis') bis zu modernen Demokratien – bedeutet es vor allem *überzeugend* zu reden und zu schreiben. Da kommt es darauf an, die Adressaten für sich und die eigene Sache einzunehmen, situationsbezogen das angemessene Verhältnis von Rationalität und Emotion, von Distanz und Nähe, von Einigungswillen und und Konflikt-Orientierung, von nüchterner Reflexion und fesselnder Lebendigkeit zu finden.

Wo dagegen öffentliche Debatte verpönt und Entscheidungen bei den Herrschenden monopolisiert sind – von der altrömischen Kaiserzeit bis zu modernen Autokratien und Diktaturen – geht es rhetorisch primär um *stilistische* Meisterschaft, sei es beim Herrscherlob oder in der Poesie.

Dieser Band basiert auf dem erstgenannten Verständnis von Rhetorik: politische Rhetorik als *Persuasionsrhetorik*. Dabei ist ein weiter Begriff von Persuasion zugrunde gelegt. Er umfasst nicht nur – entsprechend der lateinischen Ursprungsbedeutung – beide Seiten der spezifisch deutschsprachigen, moralisch aufgeladenen Unterscheidung von „überzeugen" und „überreden" (zur Kritik vgl. Knape 2003b, 889 f.), sondern schließt auch das *Bestärken* vorhandener Überzeugungen ein. Oft geschieht dies im selben institutionellen Zusammenhang, etwa auf einem Parteitag, wo einerseits in kontroversen Debatten versucht wird, Zweifler von der eigenen Position zu überzeugen, und wo andererseits die zentrale Parteitagsrede meist dazu dient, gemeinsame Überzeugungen zu bestärken. Auch der damit gegebenenfalls verbundene Versuch, politische Gegner zum Nachdenken zu bringen oder zu verunsichern, wird durch den breiten Persuasionsbegriff abgedeckt. Überzeugungsversuche entfalten sich in einem breiten Spektrum zwischen Werben um Verständnis (angesichts von Politik als ‚Kunst des Möglichen') und fanatischem Aufputschen (angesichts eines kompromissfeindlichen Politikverständnisses). Die Stärke des Überzeugt-Seins kann vom Einigermaßen-plausibel-Finden bis zur völligen Identifikation (vgl. Burke 1950, 19–29 u. ö.) reichen. In persuasiven Akten kann sich die ‚Konstitutionsfunktion' von Sprache entfalten – das bedeutet: In den verwendeten Begriffen und Begriffsfeldern wird die politisch-soziale Welt nicht einfach abgebildet, sondern bildet sich erst in ihrer jeweiliger Spezifik, indem sie ‚auf den Begriff' gebracht wird.

Aus Sicht politischer Akteure besteht die Funktion persuasiven Redens oder Schreibens in der Politik vielfach nicht nur darin, Überzeugungsinhalte – Meinungen, Haltungen, Positionen – zu vermitteln oder zu stärken, sondern vor allem darin, Adressaten *zum Handeln zu motivieren:* für die ‚richtige' oder gegen die abgelehnte Sache/Partei/Person zu stimmen, öffentlich ‚Flagge zu zeigen' o. Ä. Denn Persuasion ist kein Selbstzweck, sondern dient dazu, Macht zu erwerben, zu festigen oder unliebsame Macht infrage zu stellen.

Persuasion mittels Sprache ist nicht beschränkt auf herausgehobene Situationen, sondern gehört zum Alltag zumindest von Berufspolitiker/-innen: im Bürger-Kontakt, in Verhandlungen mit Interessengruppen, beim Medienauftritt, in Parteigremien und im Parlament. Politische Rhetorik erfordert Situationsangemessenheit und daher ein breites Spektrum kommunikativer Fähigkeiten. Das gilt auch für außerparlamentarische Akteure.

Es gibt – vor allem außerhalb des Rahmens politischer Institutionen – nicht selten ein enges Verständnis politischer Rhetorik, das sie reduziert auf den charismatischen Auftritt vor großem Publikum. Weil die Durchsetzung politischer Konzepte häufig langwierig ist, erschöpft sich der rhetorische Einsatz jedoch normalerweise nicht in einer einzigen Rede. Politische Rhetorik im Alltag ist oft eine Rhetorik der Beharrlichkeit. Da kann Wiederholung bis in die Formulierung hinein geboten sein, um „die Kontinuität der vertretenen Politikinhalte und die Zuverlässigkeit der Politiker" nicht zu gefährden (Felder 2018, 35).

2.4 Rahmen für politische Rhetorik

2.4.1 Politisches System

Persuasionsrhetorik ist grundlegend für *Demokratien*. Wo Herrschaft auf Zeit und unter den Bedingungen öffentlichen Wettbewerbs ausgeübt wird, hat politisches Reden und Schreiben überwiegend werbenden, persuasiven Charakter – sowohl bei denen, die ‚an der Macht sind', als auch bei denen, die ‚an die Macht wollen' oder die lediglich auf punktuelles Durchsetzen zielen. Auf allen institutionellen Ebenen – von den allgemeinen Wahlen bis zu Abstimmungen im Parlament, in Parteivorständen oder in Bürgerinitiativen – hängen politische Entscheidungen von der Zustimmungsbereitschaft anderer, meist der Mehrheit, ab.

Machtbezogen handelt es sich beim Bemühen, andere persuasiv auf die eigene Linie zu bringen, um „weiche Steuerung" (Göhler et al. 2009) – Steuerungsversuche, die den Adressaten die Freiheit lassen, sich zwischen konkurrierenden Persuasionsangeboten und zwischen unterschiedlichen Vorstellungen von dem, was richtig ist, zu entscheiden.

Nicht aller politische Gebrauch der Sprache ist persuasiv. Legt man als Dimensionen des Politischen die Standardeinteilung *polity* (institutioneller Rahmen) – *politics* (politischer Prozess) – *policy* (Politikfelder) zugrunde, so spielt Rhetorik in ihnen eine unterschiedlich starke Rolle. Am stärksten ist die *Politics*-Dimension rhetorisch geprägt: In Debatten – öffentlichen wie gremieninternen –, in Wahlkämpfen und Kampagnen, bei Protesten, partiell auch in Verhandlungen können sich sämtliche Register politischer Rhetorik entfalten.

Die *Policy*-Dimension erscheint demgegenüber auf den ersten Blick als rhetorisch unergiebig. Doch Begriffe, in denen die sog. Sachthemen gefasst („geframt') und kommuniziert werden, besitzen oft erhebliches rhetorisches Potential. Ob Selbstmordattentate im Namen Allahs als *Terrorakte* oder als *Märtyrertaten* verstanden und bezeichnet werden, und ob – im ersten Fall – das Vorgehen gegen islamistischen Terrorismus als Bekämpfung organisierter Schwerkriminalität oder als *Krieg gegen den Terror* konzeptualisiert ist – solch unterschiedliches Framing setzt vielfach erst *politics* in Gang und kann zu deren zentralem Gegenstand werden.

Die *Polity*-Dimension beinhaltet in freiheitlichen Demokratien die institutionellen Voraussetzungen für politische Rhetorik. Dabei ist die Sprache, in der *polity* sich konstituiert, allerdings weitgehend unrhetorisch. Insofern Texte institutionsbedingte Geltung beanspruchen, z. B. Gesetze und Rechtsverordnungen, sind sie direktiv, d. h. sie *müssen* befolgt werden. Da wären sprachliche Überzeugungsmittel, die implizieren, dem Adressaten sei die Zustimmung frei gestellt, inadäquat. Der Stil von Gesetzen und Verwaltungstexten ist funktionssprachlich geprägt, nicht rhetorisch-meinungssprachlich (vgl. Dieckmann 1969, 81 ff.). Eine partielle Ausnahme bilden Verfassungen. Sie erschöpfen sich nicht in Direktivität. Mit Grund- und Menschenrechtskapiteln enthalten sie – wie das deutsche Grundgesetz – privilegiert platzierte Teile, die durch politisch-ethische Hochwertbegriffe dominiert werden und deren zentrale Normgehalte oft im rhetorischen Modus des lakonischen Satzes formuliert sind: *Die Würde des Menschen ist unantastbar* oder *Männer und Frauen sind gleichberechtigt.* Es sind Sätze, die den Appell implizieren ihnen zuzustimmen – ein persuasiver Grundzug, der nicht zuletzt die symbolische und integrative Funktion von Verfassungen stützt (vgl. Kilian 1997; Göhler 2004).

Im Vergleich zu Demokratien ist Persuasionsrhetorik in Diktaturen (verstanden als alleinherrschaftliche Systeme aller Art) von eingeschränkter Bedeutung. Zwar sind Herrschende in Diktaturen daran interessiert, durch Propaganda Zustimmung oder zumindest Akzeptanz bei den Beherrschten zu erreichen, doch gibt es zwei substantielle Unterschiede zur Rhetorik in der Demokratie: (1) Das Recht zu freier Meinungsäußerung fehlt. Propaganda der Herrschenden ist öffentlicher Konkurrenz und Kritik nicht ausgesetzt. (2) Es dominiert der direktive Sprachmodus mit Anordnung, Befehl und Drohung, der Adressaten keine Freiheit lässt. Der rhetorische Gestus der Propaganda ist auf der Oberfläche persuasiv, in der Substanz jedoch direktiv. Die Machthaber können sich letztlich durch Repression und Gewalt durchsetzen.

Demgegenüber ist in Demokratien die Rhetorik des öffentlicher Widerspruchs und des Protestes systemrelevant. Zur angemessenen Repräsentation des Volkes sind in einer pluralistischen demokratischen Gesellschaft parlamentarische Opposition und widerspruchsbereite zivilgesellschaftliche Kräfte unabdingbar.

Auch in Demokratien ist Rhetorik im hier verstandenen Sinne gefährdet – und zwar von innen. Denn demokratische Institutionen allein garantieren noch keine demokratische Rhetorik. Zu ihr gehört ein Redestil, der bei aller „Monologizität ... auf Gegenrede und Widerrede hin geöffnet" ist (Kopperschmidt 1990, 483 f.). Der aber wird verfehlt, wenn politische Akteure Meinungsfreiheit und Öffentlichkeit nutzen, um für sich selbst einen Widerspruch ausschließenden politischen Monopolanspruch auf Wahrheit und Richtigkeit zu stellen. Mit Blick auf populistische Kräfte weltweit weist Müller (2016, 130 f. und öfter) darauf hin, dass sie, sobald an der Macht, es nicht bei rhetorischem Agieren zugunsten ihres Monopolanspruchs belassen, sondern die institutionellen Garantien für Meinungsfreiheit und Opposition zu beseitigen versuchen oder zumindest einschränken.

2.4.2 Gesellschaft

Schon Aristoteles wusste, dass es für Redner nicht genügt, mit den Adressaten als Staatsbürgern – im antiken Athen noch ‚Stadtbürger' – zu kommunizieren. In der Rhetorikschrift (2002, Buch II, Kap. 12–17) empfiehlt er eine Adressatendifferenzierung in den Dimensionen Generation und sozio-ökonomischer Status. Für Emittenten politischer Botschaften heute stellt sich die Situation komplexer dar. Da ist die vor allem im Werk Niklas Luhmanns analysierte Differenzierung der Gesellschaft in ihre funktionalen Teilsysteme Wirtschaft, Recht, Wissenschaft etc. mit je spezifischen Denk- und Handlungsweisen und der Politik als Teilsystem mit der spezifischen Aufgabe, Teilsystem-übergreifend kollektiv bindende Entscheidungen zu treffen (vgl. Luhmann 1997, insbesondere Kap. 2 u. 5).

Dazu kommen weitere Kategorien der Differenzierung, auf deren Definitionen und Relevanz in unterschiedlichen Gesellschaftstheorien und Ideologien hier nicht eingegangen werden kann, wie Kapital/Arbeit, Arbeitgeber/Arbeitnehmer, Alteingesessene/Zugewanderte, Stadt/Land, Schicht, Milieu, Geschlecht, Vermögen, Beruf, Familienstand, Generation etc. Jede Kategorie eröffnet wiederum ein Spektrum unterschiedlicher Ausprägungen. Die Kategorien der Gesellschaftsstruktur generieren soziale Rollen, die sich in den Individuen vielfach überschneiden, z. B. Vollzeit beschäftigte Arbeitnehmerin, Großstädterin, türkisch-islamischer Migrationshintergrund, medizinisch-technische Assistentin, geschiedene alleinerziehende Mutter.

Für politische Kommunikation ist nicht nur von Bedeutung, wie die Sozialwissenschaften (oder auch traditionelle Stereotypie z. B. über Landsmannschaftlichkeit) Gesellschaft intern differenzieren, sondern auch die Selbstverortung von Menschen hinsichtlich ihrer sozialen Zugehörigkeit. Selbstdeutung mit starker Priorisierung eines einzelnen sozialen Merkmals wird vielfach mit dem Begriff *Identität* verknüpft. In der Epoche der Industriegesellschaft manifestierte sich Identität z. B. im Begriff des *Arbeiterstolzes*. In den Selbst- und Fremdzuschreibungen im frühen 21. Jahrhundert erlebt der Begriff *Identität* eine neue Konjunktur als Orientierungsbegriff für politische Positionierung unterschiedlicher Prägung: bei Rechtspopulisten als ethnisch-kulturelle *Identität* der nicht-migrantischen Stammbevölkerung und im linksliberalen Spektrum als *Identität* von – als nicht-privilegiert wahrgenommenen – Gruppen etwa unter den Aspekten Geschlecht, sexuelle Orientierung und ethnische Minderheit.

Politische Rhetorik findet unter den skizzierten Bedingungen zum einen als Selbstartikulation gesellschaftlicher Teilsysteme und sozialer Gruppen statt, zum andern als Artikulationen des institutionalisierten Teilsystems Politik. Im ersten Fall handelt es sich um Interessenvertretung in Form stabiler Organisationen (Verbände, NGO's u. Ä.) oder situationell gebildeter Zusammenschlüsse (Volksbegehren, Protestbewegungen u. Ä.). Deren Beziehungen zu den Kräften der institutionalisierten Politik sind geprägt durch mehr oder weniger große politische, wirtschaftliche oder kulturelle Nähe. Häufig führt das zu Unterschieden in den Kommunikationsformen und zu einem Spektrum des rhetorischen Umgangs, das von Verbrüderungssymbolik über nüchterne Positionsbestimmungen bis zur hemmungslosen Beschimpfung ‚der Politik' bzw. bestimmter Politiker und Parteien reicht.

Auf Seiten der Akteure des politischen Institutionensystems führen die gesellschaftlichen Bedingungen dazu, dass sie sich entscheiden müssen, auf wen sie Ihre Botschaften ausrichten: auf die Gesellschaft insgesamt oder auf mehr oder weniger große Segmente und deren spezifische Prioritäten. In jedem Fall müssen sie unter den gegenwärtigen Bedingungen von Öffentlichkeit die potentielle Erreichbarkeit aller Teile der Gesellschaft in Rechnung stellen. Dabei können die Parteien in Deutschland immer weniger mit einer stabilen Stammwählerschaft rechnen (vgl. Schoen 2014). Bedingt durch Individualisierung und gesellschaftliche Differenzierung nimmt die Bedeutung (häufig milieugebundener) Parteianhängerschaft ab. Im Verhältnis zwischen Wählern und Parteien ist an die Stelle des Anhängerschaftsmodells zunehmend ein *Marktmodell* getreten, in dem man sich an keinen Anbieter gebunden fühlt, sondern sich frei und aus unterschiedlichsten Motiven für eine der Alternativen aus dem Parteienangebot entscheidet. 35 % der Befragten geben in einer 2017 durchgeführten repräsentativen Umfrage an, keine Parteipräferenz zu haben u./o. nicht wählen zu gehen, während 65 % erklären eine aktuelle Parteipräferenz (Sonntagsfrage) zu haben (Engel/Rühle 2017, 389), wobei dies nicht gleichbedeutend mit Parteianhängerschaft ist.

Unter solchen Bedingungen reicht es für erfolgreiche Persuasion nicht aus, parteispezifische Traditionsüberzeugungen zu bestärken. Chancen ergeben sich durch Einbezug breiter Konsenspotentiale sowie durch Öffnung für aktuelle, gesellschaftlichen Wandel aufgreifende thematische, normative u./o. stilistische Spezifika.

Die politische Sprache hält ein Arsenal von Begriffen bereit, in denen sich gesamtgesellschaftlich weithin konsensuelle Einstellungen manifestieren, etwa Positivbegriffe wie *Friede, Bildung, Wohlstand* u. Ä. und Negativbegriffe wie *Terrorismus, Umweltzerstörung, Unfreiheit* u. Ä. Um unter den Bedingungen von Pluralität in möglichst vielen Gesellschaftssegmenten Zustimmung oder zumindest Akzeptanz zu erreichen, lassen sich mehrere sprachliche Strategien beobachten:

- vage Begriffe mit positiver Anmutung und integrativer Kraft zu verwenden, z. B. *nachhaltig* oder *soziale Gerechtigkeit*, damit deren Unbestimmtheit es den unterschiedlichsten Adressaten ermöglicht, ihre jeweilige Deutung mit dem Begriff zu verbinden (vgl. Bergsdorf 1985, 189),
- so zu formulieren, dass bei Gruppen und Medien, die für die eigene Position relevant sind, keine harten Negativreaktionen provoziert werden. Diese Strategie birgt allerdings das Risiko, als Teil einer ‚Fehlervermeidungskultur' (Kabarettist Florian Schroeder) durchschaut und damit dysfunktional zu werden.
- Glaubwürdigkeit durch Formulierungen zu gewinnen, in denen unzweideutig klar wird, in welcher Weise die geäußerten Bewertungen und Handlungspräferenzen welche Teile der Gesellschaft betreffen.

Politische Gruppierungen, insbesondere Parteien, pflegen – je nach Thema und politischer Situation – unterschiedlich von diesen Strategien Gebrauch zu machen.

Zu den rhetorischen Konsequenzen gesellschaftlicher Komplexität gehört die Rolle der *Mehrfachadressierung*. Zwar sind viele politische Botschaften unbestimmt adressiert, insofern sie z. B. als Parlamentsrede über die unmittelbar anwesenden Abgeordneten hinaus an eine unbegrenzte Öffentlichkeit gerichtet sind. Geht man aber in die Texte hinein, so zeigt sich, dass der Fokus auf unterschiedliche Gruppen gerichtet ist, z. B. in Regierungserklärungen zu Beginn einer Regierungsperiode, wo relevante Segmente der Gesellschaft katalogartig über geplantes Regierungshandeln unterrichtet werden.

Mehrfachadressierung in einem strengeren Sinne bedeutet, mit *einer* Äußerung unterschiedlichen Adressaten gegenüber unterschiedliche sprachliche Handlungen zu vollziehen. So kündigte Bundesgesundheitsminister Spahn (CDU) zur Behebung des Pflegekräfte-Defizits in Kliniken 2018 eine gesetzliche Regelung mit dem *Grundgedanken* an:

Krankenhäuser mit zu wenig Pflege-Personal dürfen Patienten nicht gefährden. Deswegen soll es für Kliniken, die sich nicht in der Lage sehen, die Zahl der Pflegekräfte zu erhöhen, nur zwei Alternativen geben: entweder sie schließen einzelne Stationen – oder sie kooperieren mit anderen Krankenhäusern. (https://www.bundesgesundheitsministerium.de/presse/inter views/interviews-2018/nz-16082018.html)

Spahn vollzieht mit dieser Äußerung vier Adressatengruppen gegenüber unterschiedliche Handlungen: Potenziellen Patienten gibt er ein Versprechen, unwillige Kliniken erhalten eine Warnung, die mächtige Medizinerlobby wird herausgefordert, und der ‚politischen Klasse', die Spahn als Kritiker der Merkelschen Flüchtlingspolitik mit eigenen Führungsambitionen beobachtet, teilt er implizit mit, als Fachminister energisch und mutig Probleme zu lösen.

Anders stellen sich die Probleme des Umgangs mit gesellschaftlicher Komplexität für Politiker unterhalb der Ebene des politischen Spitzenpersonals dar. Zwar erfolgt die Zulieferung relevanter Informationen über gesellschaftliche Zustände und Prozesse an die entscheidungsrelevanten politischen Institutionen primär über

Medien, Interessenvertretungen, Wissenschaft und Administration, doch sind hier auch Parlamentarier als ‚Volksvertreter' in der Pflicht. Vor allem an Wahlkreisabgeordnete wird der Anspruch gestellt, politische Repräsentation nicht nur durch Mitwirkung an den parlamentarischen Prozessen zu realisieren. Von ihnen wird gefordert, im unmittelbaren Kontakt mit der Wählerschaft gesellschaftliche Wirklichkeit zu erfahren und als ‚Transmissionsriemen' auf die institutionelle Ebene politischer Entscheidungen zu vermitteln. Dabei besteht der Effekt mehr im Gewahr-Werden von Problemen und Sichtweisen vor Ort als in der Durchsetzung von Forderungen durch einzelne Abgeordnete. (Vgl. Holly 1990, 269).

In Wahrnehmung dieser Funktion ist weniger die klassische rhetorische Kompetenz, überzeugende Reden zu halten, gefordert als die Fähigkeit, ein Spektrum kommunikativer Qualitäten zu entfalten, um bei den Gesprächspartnern interessiert, vertrauenerweckend, kompetent und sympathisch zu wirken. Dem dient eine breite Palette kommunikativen Verhaltens: aufmerksam zuhören, interessiert fragen, Empathie zeigen, beschwichtigen, Vorschläge machen, argumentieren, verständlich erklären, Situationen strukturieren, gelegentlich auch verhandeln etc. (Vgl. Holly 1990, 128–242)

2.4.3 Medien: Formate, Anforderungen, Praktiken

Medien werden oft als ‚Vierte Gewalt' bezeichnet. Ihre Funktionen Information, Meinungsbildung, Kritik, auch Agenda Setting sind nicht auf Berichterstattung über die Botschaften politischer Akteure beschränkt. Allein die Informationsfunktion erfordert das Ausleuchten von Hintergründen und Folgen politischer Entscheidungen oder Versäumnisse weit über das hinaus, was politische Akteure äußern. Unter dem Aspekt politischer Rhetorik steht hier allerdings Letzteres – politisches Kommunizieren unter Medienbedingungen – im Fokus.

Medien sprengen das klassische Paradigma der Rhetorik, die Bindung an Mündlichkeit und an gemeinsame Anwesenheit von Emittent und Rezipient am selben Ort zur selben Zeit. Zwar sind Rede, Diskussion oder Debatte vor anwesendem Publikum auch heute Standardformen politischer Kommunikation. Doch die wichtigeren Adressaten sind durchweg die Medienutzer, darunter Entscheidungsträger in Politik und Gesellschaft, deren Reaktion für die Emittenten gegebenenfalls wichtiger ist als der Eindruck, den sie bei der Masse der Zuschauer, Zuhörer und Leser hinterlassen.

Medialität ändert die Bedingungen für politische Rhetorik. Einige sind medienübergreifend, andere medienspezifisch. Für *Medien generell gilt:* Sie bieten politischen Akteuren die Chance, ungleich mehr Adressaten zu erreichen als in der rhetorischen Ursituation. Das ist allerdings erkauft durch partiellen Kontrollverlust:

(1) Die Rezeptionssituation wird allein durch die Rezipienten bestimmt.
(2) Medien sind Filter. Stets bestimmen technische Bedingungen, Formate und – mit Ausnahme einiger Internetplattformen – das Medienpersonal mit, was die Rezipienten wie erreicht.

Zu (1):
Im Auftritt vor anwesendem Publikum agieren Emittenten als Redner an hervorgehobener Stelle: Rednerpult, Podium, Bühne, Arenazentrum sind räumliche „Hoheitssymbole" (Gerhard Göhler mündlich 2018), die trotz physischer Nähe Distanz zum Publikum schaffen. Rezeption findet öffentlich statt und kollektiv. Als Teil des Publikums richtet sich der Einzelne an kollektivem Verhalten aus – von der Körperposition (Stehen, Sitzen) über Blickrichtung und Verzicht auf Normalaktivitäten (Gehen, Reden) bis zu Applaus oder Unmutsreaktionen.

Massenmediale Rezeption findet dagegen i. d. R. individuell und in privaten Situationen statt. Die Autoritätsverhältnisse sind umgekehrt. Die Handlungsmöglichkeiten der Rezipienten werden weder durch den Emittenten noch durch das Kollektiv ‚Publikum' beschränkt: Die Rezeption kann jederzeit unterbrochen oder abgebrochen werden. Es besteht kein von der Redesituation diktierter Kleider- oder Körperlagezwang, Parallelaktivitäten sind nicht ausgeschlossen. Bei gemeinsamer TV-Rezeption z. B. in der Familie sind Gespräche über das, was man sieht oder hört, üblich, nicht selten ohne Bezug auf den politischen Inhalt (vgl. Holly 2016; Klemm 2000).

Der Privatheit der Rezeptionssituation entspricht bei Fernseh- oder Online-Video-Angeboten die Pseudo-Intimität der Beziehung zwischen Rezipienten und Medienpersonal. Täglich politisches Spitzenpersonal in den eigenen vier Wänden oder auf dem Smartphone – oft in Großaufnahmen, die körperliche Schwächen und Stress erkennbar machen – da verhindert Nahwahrnehmung die Vorteile ehrfurchtgebietender Unsichtbarkeit oder den Nimbus der Unnahbarkeit, welche die Herrscher und anderes Spitzenpersonal früherer Epochen als Autoritätsfaktoren nutzen konnten. (Vgl. Meyrowitz 1990, 143 ff.).

Zu (2):
Die technischen Bedingungen im Einzelnen sind medienspezifisch. Doch für alle Medien gilt: Emittent und Botschaft werden nie ‚echt' präsent bei den Rezipienten, auch wenn die medienhistorische Entwicklung getrieben wird vom Verlangen, Emittenten in der Rezeption näher zu kommen: Schriftmedien machen nur die Botschaft zugänglich, nicht aber das Nonverbale und Paraverbale der rednerischen ‚actio'. Im Radio ist immerhin die Stimme hörbar. Fernsehen liefert darüber hinaus bewegte Bilder, allerdings in Modi, die durch die Kameratechnik bestimmt sind (vgl. Holly 1996, 252 f.). Akustisch und visuell wird Nähe simuliert, doch Fernsehen bleibt Einweg-Kommunikation. Das Internet als Hypermedium integriert die genannten Medien samt ihrer Technik, bietet jedoch darüber hinaus Möglichkeiten, die Filterfunktion partiell zu reduzieren: In etlichen internetspezifischen Formaten entfallen Selektion und Be-

arbeitung von Botschaften durch Medienpersonal, und es besteht die Möglichkeit zur – oft scheinindividuellen, überwiegend schriftlichen – Interaktion zwischen Usern und Politikern.

Politische Rhetorik muss, wenn sie mediengerecht sein will, sich auf die *Spezifik der Medien und ihrer Formate* einstellen: In *Printmedien* erfahren Leser nur selten wörtlich und in ganzer Länge, was Politiker in mündlichen oder schriftlichen Text von einigem Umfang äußern. Solche Ausnahmen liest man lediglich in anspruchsvoller überregionaler Presse. Es handelt sich entweder um den Abdruck besonderer *Reden,* etwa der Inaugurationsreden von US-Präsidenten (in Übersetzung) oder um *Namensartikel* von Spitzenpolitikern, z. B. der FAZ-Artikel, mit dem die CDU-Generalsekretärin Merkel am 22. Dezember 1999 die Abnabelung der CDU von ihrem Ehrenvorsitzenden Kohl nach dessen Auskunftverweigerung über die Herkunft von Millionen-Spenden einleitete. Um ein solches Privileg zu erhalten, genügt politische Prominenz nicht. Es muss um Fragen von erheblicher politischer Relevanz gehen.

Auch in den *elektronischen Medien* spielt Gesamtpräsentation von Politikerreden nur eine Nischenrolle. Man findet sie in politisch orientierten TV-Spartensendern (in Deutschland ‚Phoenix') und im Internet auf Plattformen wie ‚YouTube' sowie auf Websites von Politikern und politischen Institutionen.

Sehr viel häufiger und nicht beschränkt auf Spitzenpersonal kommen Politiker/-innen in *Interviews* zu Wort. Hier pflegen Redaktionen keine inhaltlichen Modifikationen des Wortlauts vorzunehmen. Doch die Kontrolle liegt beim Interviewer. Ihm obliegt die Themensteuerung. Die Interviewten haben nur Raum für wenige Sätze, dann nimmt sich der Interviewer wieder das Wort. Als Interviewter zu versuchen, durch Kritik an Fragen, Gegenfragen und Themenverschiebung gegenzusteuern, ist zulässig, kann aber nicht dominant werden, ohne das Format zu sprengen.

Angesprochen werden Politiker primär als Repräsentanten/-innen ihrer Partei. Gleichgültig, ob es um Sachthemen oder um die Person der Interviewten geht, Politiker müssen im Unterschied anderweitig Prominenten stets mit kritischen Fragen, Unterstellungen und Aufforderung zu Rechtfertigungen rechnen. Das stellt die Interviewten vor Entscheidungen, bei denen inhaltliche und rhetorische Aspekte nicht zu trennen sind: Soll auf Provokationen gelassen oder konfrontativ reagiert werden? Auf welche Adressatengruppe innerhalb einer heterogenen Leserschaft kommt es an? Soll man bei besonders unangenehmen Fragen das Risiko eingehen, wahrheitsgemäß und fundiert zu antworten oder versuchen mit Halbwahrheiten, Allgemeinplätzen, Ausweichmanövern u. Ä. durchzukommen?

Rhetorisch geboten ist die Fähigkeit, Argumente in aussagekräftigen Begriffen und markanten Sätzen zu konzentrieren. Denn für die breite Entfaltung komplexer Argumentation ist in Interviews selten Raum.

Interviews in Printmedien können Gespräche face to face, Telefonate oder schriftlicher Frage-Antwort-Austausch zugrunde liegen. Zögerndes Antworten, Versprecher, Selbstkorrekturen u. Ä. sind im gedruckten Text nicht wahrnehmbar. Das ist in *Radio-* und *TV-Inter-*

views anders. Sie stellen an die Interviewten zusätzliche Anforderungen: Schlagfertigkeit, flüssiger, nicht-monotoner Redestil, Gespür für den angemessenen Umfang einer Antwort – und TV-spezifisch: souveräne Ausstrahlung, in Körpersprache und Mimik passend zu Inhalt und Emotionsniveau des Gesagten.

Die geringste Kontrolle darüber, was von den eigenen Äußerungen in welcher Deutung das Medienpublikum erreicht, besitzen Emittrenten in *Formaten der Berichterstattung* (Bericht, Nachricht, Meldung, Reportage u. Ä.) und der *Kommentierung* (Leitartikel, Kommentar, Glosse, mit visuellen Anteilen: Karikatur u. Ä.). Wörtliche Zitate reichen vom einzelnen Wort bis zu höchstens zwei, drei Sätzen. Sätze werden häufig in indirekte Rede umgeformt. Längere Passagen werden – sofern überhaupt aufgegriffen – meist verkürzt und in redaktioneller Wortwahl und Satzbildung wiedergegeben („reformuliert' vgl. Steyer 1997). Schließlich können Sätze, längere Sequenzen, auch ganze Reden, Presseerklärungen u. Ä. zu Bestandteilen journalistischer Zusammenfassung werden, die Einzelheiten der Originalformulierung unerkennbar lässt.

Nicht nur für die Printmedien, sondern für politische Berichterstattung und Kommentierung in allen Medien gilt: Darüber was in Berichterstattung und Kommentierung an politischen Botschaften aufgegriffen wird, entscheidet Medienpersonal. Die Voraussetzungen, dafür als politischer Akteur überhaupt infrage zu kommen, hängen vor allem von dessen institutioneller Funktion und der Relevanz u./o. Aktualität des Themas ab.

In rhetorischer Hinsicht lässt sich die Chance relevanter Akteure, wörtlich zitiert zu werden, steigern, indem sie ihre Position zu umstrittenen Fragen durch markante Formulierung ‚auf den Punkt' bringen, etwa durch Reizwörter wie „Asyltourimus" oder Sätze, die sich zur Catchphrase eignen wie „Es ist besser nicht zu regieren, als falsch zu regieren".

Radio bietet politische Informationen primär in Nachrichten-, Kurzinterview- und seltener in Gesprächsformaten an. Für die Rolle von Politiker-Äußerungen gilt Ähnliches wie in den anderen Medien. Unterschiede ergeben sich insofern, als Radiosender stärker Fachpolitiker und aufgrund ihrer häufig begrenzten Reichweite regionale Akteure einbeziehen. Interviews sind durchweg *Kurzinterviews*. Das stellt hohe Anforderungen an die Fähigkeit sich in knappen Formulierungen auf das Wichtigste zu beschränken. Bei längeren Radiogesprächen entfallen die Besonderheiten der Talkshow-Formate des Fernsehens, die der Visualität geschuldet sind. Auch meiden Radiosender konfrontative Gesprächsformen, da akustisches Durcheinander Hörer abschreckt, während das im Fernsehen durch optische Wahrnehmung partiell ausgeglichen werden kann und darüber hinaus für manche Zuschauer Unterhaltungswert besitzt.

Fernsehen ist primär ein Unterhaltungsmedium. Auch außerhalb des offiziellen Entertainment-Programms erwartet das Gros der Zuschauer ein Mindestmaß an Unterhaltsamkeit. Das bedeutet Vorrang für Abwechslung. Übertragungen von Parlamentsdebatten gibt es nur in politikbezogenen Spartensendern. Die *Nachrichtenprogramme* der Massensender beschränken sich auf nach

Sekunden abgemessene Kurzausschnitte aus Reden des politischen Spitzenpersonals. Um dazu eine Chance zu erhalten, bauen Redner/-innen nicht selten zugespitzte, auf Übertragungsrelevanz zielende Formulierungen in ihren Beitrag ein.

Saalreden sind auch aus kommunikations- und wahrnehmungspsychologischen Gründen nicht fernsehgerecht. Weder Umfang noch Tonlage passen zum Kommunikationsambiente einer Privatwohnung. Das Auge will Abwechslung auf dem Bildschirm. Daher dominieren *Gesprächsformate* (Talkshow, Townhall-Meeting, TV-Duell) mit schnellem Wechsel von Redner, Bild und Kameraeinstellung. Die Kamera rückt Politikern nah auf den Leib. Das fördert Personalisierung.

Auch Spitzenpolitiker/-innen haben hier nicht mehr als höchstens ein bis drei Minuten Zeit, ohne Unterbrechung einen Gedanken zu entfalten. Statt Zusammenhänge strukturiert darstellen zu können, müssen sie ‚aus dem Stand' mit (teils unvorhersehbaren) Provokationen fertig werden. Das begünstigt Statement-Stil, populistisches Simplifizieren, Polemik und argumentationsarmes Aneinander-vorbei-Reden, sofern Gesprächsleiter nicht kritisch nachhaken. In einer Mischung aus Argumentation und Schlagabtausch überlagern sich Informations- und Unterhaltungsfunktion. Verlangt wird Selbstinszenierung als souveräner TV-Gesprächspartner – im Streitgespräch als Siegertyp, der sich nicht aus dem Konzept bringen lässt und Kontrahenten verunsichert, in ruhigeren Formaten als jemand, der Positionen auf den Punkt bringt, knapp, verständlich und einleuchtend erklärt und gelegentlich witzig ist.

TV-Gesprächsformate weisen eine charakteristische Ausprägung von Mehrfachadressierung auf. Die eigentlichen Adressaten sind die TV-Zuschauer, oft symbolisch vertreten durch Studiopublikum. Doch die Akteure inszenieren die Sendung weitgehend so, als ob sie lediglich einander adressieren und eine von den Zuschauern unabhängige Diskussion durchführen würden. (Vgl. Holly/ Kühn/Püschel 1986)

Das *Internet* ist multimodal, insofern es Schriftlichkeit, Mündlichkeit und (statische und bewegte) Bildlichkeit integriert. Es fungiert als Hypermedium, indem es – live oder gespeichert – Formate der ‚alten' Medien vom Zeitungsbericht über TV-Sendungen bis zum Film auf einem technisch neuen Weg (World Wide Web) anbietet, der es Rezipienten erlaubt, sie ‚online' sämtlich an einem Gerät (PC, Tablet oder Smartphone) zu empfangen und zu speichern.

Die entscheidende Neuerung aber ist die Möglichkeit für jedermann, aus der Rolle des massenmedialen Rezipienten herauszutreten und *selber zum Produzenten* von Texten und Videos für eine potenziell unbegrenzte Öffentlichkeit zu werden. Zuvor war das nur professionellen Medienanbietern möglich. Damit verbunden sind neue, internetspezifische Formate. Deren massenhafte private Nutzung fördert Emotionalität. Die Anbieter kommen dem entgegen mit einem neuen Zeichentyp, den ‚Emoticons', und auf Sprechaktebene mit ‚Likes'.

Für Politiker ist die Nutzung dieser Formate attraktiv, weil sich *keine Redaktion als Filter* zwischen die eigene Botschaft und die Rezipienten schiebt. Für die politische Kommunikation sind vor allem von Interesse: Chat,

Website (auch als ‚Homepage' bezeichnet), Soziale Netzwerke, Podcast, Blog und Mikroblog.

In der Frühzeit breiterer Internetnutzung (um 2000) wurden, weitgehend beschränkt auf Politiker mit gesteigertem Interesse an der neuen Kommunikationstechnik, *Chats* für politische Kommunikation z. B. mit Erstwählern genutzt. Beeinflusst vom Stil der TV-Talkshows, als deren schriftliche Internetvarianten Chats vielfach angesehen wurden, zeigen sich Stilmerkmale von Mündlichkeit. Chats setzten sich in der politischen Kommunikation allerdings nie als Massenphänomen durch.

Ganz anders die *Website*. Sie ist nicht nur ein unverzichtbareres Public-Relations-Instrument von Parteien als Organisationen, sondern dient vor allem auch zur Selbstdarstellung vom Lokalpolitiker bis zum Regierungsmitglied, meist in einer Mischung aus biographischen und anderen Informationen, Sympathiewerbung und politischer Positionierung. Rhetorisch sind da nicht nur Story-Telling, Kommentieren und Argumentieren in Texten oder Video-Clips aus der Eigenperspektive gefordert, sondern auch Texte Dritter, z. B. freundliche Presseartikel, und Fotos, die Verbundenheit mit Wählern oder Sympathieträgern dokumentieren. Maximale Größenordnungen kann die Website von Kandidaten für Spitzenämter erreichen. (s. Kap. 4.5.1)

Seit der Ausbreitung *sozialer Netzwerke* präsentieren politische Akteure ihre Websites – mehr oder weniger an den netzwerktypischen, eher emotionalen Stil vermuteter Nutzer angepasst – vornehmlich auch dort. Dies ist zur Standardform des Auftritts politischer Akteure in Sozialen Netzwerken geworden. Anders als außerhalb der Netzwerke setzen sie sich dort der öffentlichen Beurteilung durch ‚Likes' aus.

Von Politikern eher selten angeboten werden die abonnierbaren Internetformate *Podcast* und *Blog*. *Podcasts* sind in meist regelmäßiger Folge erscheinende Audio- oder Videodateien, in denen jeweils ein aktuelles Thema behandelt wird. Dies geschieht überwiegend als längeres Statement des Emittenten, oft gegliedert durch eingeblendete oder von Gesprächspartnern gestellte Fragen. *Blogs* – ursprünglich Tagebücher im Internetformat – enthalten die gegebenenfalls täglich herausgegebene, als Schrifttext formulierte Kommentierung aktuellen politischen oder sonstigen Geschehens durch den Blogbetreiber. Oft enthält das Format eine Kommentarfunktion für Stellungnahmen der Abonnenten zu den Texten des Blogbetreibers. In rhetorischer Hinsicht gibt es keine Einheitlichkeit. Die Spreizung reicht von Blogs in nüchtern-analytischem Stil bis zu Blogs mit dem Markenzeichen aufgeregt-hetzerischer Emotionalität.

Im zweiten Jahrzehnt des 21. Jahrhunderts ist der Mikrobloggingdienst *Twitter* zum wichtigsten Internetformat in der politischen Kommunikation aufgestiegen. Während die Website Konstanz im politischen Erscheinungsbild politischer Akteure vermittelt, manifestiert sich in Twitter höchstmögliche Dynamik: von überall her, in kürzester Zeit und mit minimalem Aufwand (Begrenzung auf ursprünglich 140, später 280 Zeichen pro ‚Tweet'). Twitter ermöglicht ungleich häufigeren Kontakt mit Adressaten als Podcast oder Blog. Bei manchen Politikern ist drei- oder viermaliges Twittern täglicher Mindeststandard.

Twitter begünstigt

- maximal zeitnahes Informieren z. B. über laufendes Geschehen in politischen Gremien,
- unmittelbares Reagieren auf Überraschendes, z. B. ostentatives Spekulieren oder Sich-Fragen, was daraus wird,
- bewertungsstarke Kürzest-Kommentare zu Ereignissen und Personen,
- zugespitzte, oft polarisierende Formulierungen.

Ein neues Paradigma politischen Kommunizierens hat US-Präsident Trump eingeführt: *Staatskommunikation via Twitter* in der Außen- wie in der Innenpolitik. Die Kommunikation zwischen Regierungschefs nicht-feindlicher Staaten findet üblicherweise schriftlich per Brief oder diplomatischer Note und mündlich im direkten Gespräch oder telefonisch statt. Die Öffentlichkeit wird anschließend – meist in Absprache miteinander – unterrichtet. Schon eine Woche nach Amtsantritt im Januar 2017 wich Trump spektakulär von dieser Regel ab, indem er ein vereinbartes Treffen mit dem mexikanischen Präsidenten Nieto per Twitter infrage stellte: *Wenn Mexiko nicht für die dringend benötigte Mauer zahlen will, dann wäre es besser, das Treffen abzusagen* (@realDonaldTrump 26.1.2017) – was Nieto dann auch tat (via Twitter). Regierungschefs anderer Staaten werden in Trumps Tweets häufig benotet, so der kanadische Premierminister Trudeau: *Very dishonest and weak* (@realDonaldTrump 10.6.2018). Auch das widerspricht dem Code außenpolitischer Tradition.

Die sprachlichen Formen des öffentlichen Umgangs mit innerstaatlichen Gegnern sind härter als die des diplomatischen Verkehrs. Doch bei aller Härte und Polemik in der Sache gilt auch hier die Norm eines zivilisierten Umgangs miteinander. Konkurrenten und Kritiker sind nicht als Feinde zu behandeln. Beleidigung und persönliche Herabwürdigung sind verpönt. Dagegen verstoßen Trumps Tweets permanent – hier ein beliebiges Beispiel aus dem Tag, an dem dieser Abschnitt geschrieben wurde:

@realDonaldTrump: *Just watched Wacky Tom Steyer, who I have not seen in action before, be interviewed by a crazed @jaketapper. He comes off as a crazed & stumbling lunatic who should be running out of money pretty soon. As bad as their field is, if he is running for President, the Dems will eat him alive!* (28. 10. 2018)

Hinter dem von Trump praktizierten Paradigma ist *Kalkül* zu erkennen: Sich nicht an Umgangsregeln und Sprache der demokratisch-republikanischen Tradition zu halten und stattdessen öffentlich Grobheit zu pflegen, wirkt in den wuterfüllten, populistisch ansprechbaren Milieus, auf die dieser Stil zielt, vertraut, authentisch und ermöglicht Identifikation mit dem, der es als Staatschef wagt, so zu reden. Dass Presse und Fernsehen – auch die von Trump als *Fake News Media* beschimpften – solche Äußerungen aufgreifen und über die Twitter-Nutzer hinaus millionenfach weiter verbreiten, ist erwünscht. Wem ein Präsident mehrmals am Tag ganz unverstellt mitteilt, was er über Menschen und

Sachverhalte denkt, der kann sich ihm ganz nah fühlen – zumal, wenn der Mann an der Staatsspitze dieselben Leute aufs Korn nimmt, die man selber hasst oder gerne bereit ist zu hassen.

Die professionelle Politik nutzt Internetformate vor allem zur Personenprofilierung und als Kampagneninstrument. Zu Beginn des Siegeszugs des Internets richteten sich allerdings große Hoffnungen auf künftige Dominanz rational bestimmter Diskurse unter breitester Beteiligung derer, deren politische Aktivität bislang durchweg im Gang zur Wahlurne bestand. Das impliziert eine *Rhetorik von unten,* getragen von mündigen Bürgern, mit der erhofften Nebenwirkung, wenig geschätzte Charakteristika aus dem Bereich professioneller politischer Rhetorik wie Vagheit, Ausweichmanöver, überbordende Polemik und Verunglimpfung möglichst unwirksam zu machen.

Diese Hoffnung hat bislang getrogen. Unzählige Menschen äußern sich zur Politik in zahlreichen Internetforen, in den online-Angeboten der klassischen Medien, in Blogs; sie posten in sozialen Netzwerken und twittern. In politische Entscheidungsprozesse sind die dabei produzierten Texte allerdings nicht eingebunden. Sie stehen in Verbindung mit politischen und gesellschaftlichen Diskursen – meist als eine Art digitaler Resonanzboden. Der wird gelegentlich überschwemmt durch Shitstormwellen, der internetspezifischen Form kollektiver Rhetorik.

Viele Textproduzenten schreiben nicht unter Klarnamen. Einen mit den Leserbriefredaktionen klassischer Tageszeitungen vergleichbaren Filter, der unzumutbar sachfremde, emotional überbordende, beleidigende und diskriminierende Texte am Erscheinen hindert, gibt es nur bei wenigen Anbietern. ‚Hate speech' ist zur Fachbezeichnung für nicht wenige Internettexte geworden. Vor allem Texte unter Nicknames können nicht oder nur mit Einschränkung als Beiträge zu einem rationalen, Andersdenkenden gegenüber fairen Diskurs eingeordnet werden. Gesellschaftlich ist die Wirkung desintegrierend, weil sich viele in ‚Echokammern' sammeln, wo ausschließlich gemeinsame Überzeugungen wechselseitig bestätigt werden.

Erwähnenswert sind Ansätze, das Internet entgegen den skizzierten Tendenzen für die Etablierung *demokratischer Prozesse* (vgl. Thimm 2016) und für das Generieren politisch relevanter *Themensetzung ‚von unten'* zu nutzen:

- Mehrere Jahre hat die Piratenpartei Deutschlands mit der Software ‚Liquid Feedback (LQFB)' innerparteilich experimentiert. Es geht dabei um demokratische Meinungsbildung und Entscheidung ‚von unten', d. h. idealiter unter Beteiligung aller Mitglieder. Die Software verknüpft Entscheidungsprozeduren mit diskursiver Meinungsbildung pro und kontra zur abzustimmenden Frage. Die Software ist so konzipiert, dass sie sich für persönliche Angriffe und Shitstorms nicht eignet. (Vgl. Wenzlaff 2012, 65–70)
- Weltweite Beachtung fand die diskursive Vorbereitung und die Mobilisierung der Massenproteste des sog. ‚Arabischen Frühlings' per Internet. Da wurden keine politischen Programme formuliert. Knappe Hin-

weise auf die Zielrichtung, Expression von Gefühlen, Absprachen über Treffpunkte, Warnungen vor Aktionen der Sicherheitskräfte der Regime, so schildern Beteiligte die Struktur der Austausche per E-Mail oder Chat. In repräsentativen Demokratien geschieht Analoges in der Vorbereitung von Volksbegehren oder Massenprotesten.

- Die Erfindung des – vor allem bei Twitter relevanten – ‚Hashtag‘, eines Schlagwortes, um das sich beliebig viele mit dem Thema verbundene Texte versammeln können, ermöglicht, gesellschaftlich u./o. politisch unbeachtete oder unterdrückte Themen im öffentlichen Diskurs ganz nach vorn zu bringen – allerdings zugespitzt und polarisierend (vgl. Bernard 2018). Angesichts der Beliebigkeit und der Häufigkeit der Markierung von Begriffen als ‚Hashtag‘ geschieht dies zwar nur selten. Doch das Hashtag #MeToo zeigte 2017 weltweite Auswirkungen in Gesellschaft, Politik und Justiz. Die ‚Netzgemeinschaft‘ fungierte als Gegenöffentlichkeit, betrieb erfolgreiches Agenda Setting und kreierte einen zuvor so nie dagewesenen globalen Diskurs. Die rhetorische Struktur Hashtaggetriebener Texte als Elemente eines solchen Diskurses ist denkbar einfach: eine knappe Erzählung und ihre Zuordnung zum Hashtag als Leitbegriff.

3
Dimensionen politischer Rhetorik

Das Gelingen persuasiver Handlungen hängt im Wesentlichen von den Adressaten ab. Wenn diese sich nicht überzeugen lassen, bleibt es beim erfolglosen Versuch. Schon Aristoteles thematisiert mit Bezug auf die Adressaten die Bedingungen für Persuasion in den Dimensionen Ratio (logos), Emotionalität (pathos) und Vertrauenswürdigkeit des Redners (ethos). Es sind die Dimensionen, in denen auch heute Praktiker/-innen politischer Rhetorik und Kampagnenplaner/-innen ihr Bild von Adressaten modellieren.

3.1 Rationalität

Vielfach gilt ‚sachlich' zu reden bzw. zu schreiben und sich emotionaler Stilelemente zu enthalten als Ausweis von Rationalität. Doch das ist eine oberflächliche Betrachtungsweise. In sachlichem Stil kann hanebüchener Unsinn formuliert sein. Anspruchsvoller ist die aristotelische Gleichsetzung von Argumentieren mit der rationalen Dimension von Rhetorik (Aristoteles 2002, Buch 1, Kap. 1, 1355a). Doch vermag Argumentieren Rationalität zu begünstigen, aber nicht zu verbürgen. Denn politisches Argumentieren ist zum einen vielfach durchsetzt mit affektiven Elementen und zum anderen generieren manche der als „Topoi" bezeichneten Argumentationsschemata pseudologische Scheinschlüsse, z. B. die Verallgemeinerung des Einzelfalls oder der Fehlschluss ‚Post hoc, ergo propter hoc' (= Kovarianz als Kausalität ausgeben).

Die Frage nach der Rationalität kommunikativen Handelns und damit auch von Rhetorik wird im 20. Jahrhundert vor allem vom dem Gesellschaftstheoretiker Jürgen Habermas und dem analytischen Sprachphilosophen Herbert Paul Grice neu gestellt und in einer Weise beantwortet, die für Theorie und Praxis politischer Kommunikation von kaum zu überschätzender Bedeutung ist.

Politische Rhetorik bezweckt Persuasion, was wiederum überwiegend machtbezogenen Zielen dient. Insofern fällt sie in den Bereich der ‚instrumentellen Vernunft'. Stellt man die Frage, wem dieses Instrument dient, so ergibt sich aufgrund der Beteiligtenkonstellation allerdings keine einfache Antwort. Auf den ersten Blick handelt es sich um das Instrument von Emittenten/-innen, die damit ihre Ziele durchsetzen wollen, z. B. Wähler zu motivieren die eigene Partei zu wählen. Das aber setzt voraus, dass die Emittenten adressatenseitige Akzeptanzvoraussetzungen und Konsensbedingungen beachten. Diese wiederum beinhalten in erheblichem Maße Ansprüche der Adressaten/-innen an die Emittenten. D. h. nach der Rationalität rhetorischen Handelns zu fragen, macht es erforderlich „kommunikative Rationalität" (Habermas 1981, 28) in den Blick zu nehmen.

Für Habermas sind dies vier grundlegende „Geltungsansprüche", die es kommunikativ einzulösen gilt: die *Wahrheit* von „Propositionen" (= behauptete oder implizierte Inhalte sprachlicher Äußerungen), die *normative Richtigkeit* von Handlungen und Handlungsbewertungen, die *Wahrhaftigkeit* des Emittenten sowie die *Verständlichkeit* und Eindeutigkeit von Formulierungen und Texten (Habermas 1973, 219 ff. und 1981, 15–45). Als Kriterium für Wahrheit und Richtigkeit gelten nicht „Gewissheitserlebnisse", sondern intersubjektive Begründbarkeit (Habermas 1973, 219–229). Dazu kommt im Bereich zielgerichteten Handelns der Geltungsanspruch auf *Wirksamkeit* als Ausweis „kognitiv-instrumenteller Rationalität". (Da Wirksamkeit nicht auf kommunikative Einlösung angewiesen ist, wird dieser Geltungsanspruch bei Habermas nur am Rande thematisiert.)

Wenige Jahre vor Habermas hatte der Sprachphilosoph Grice – abgesehen vom Bezug auf normative und zweckrationale Begründbarkeit von Handlungen – die gleichen Kategorien als die „reasonable (rational)" Basis von Kommunikation herausgearbeitet, insbesondere solcher Kommunikation, in der es um „giving and receiving information, influencing or being influenced by others" geht. Bei Grice kommen noch zwei Kategorien hinzu: Relevanz und Informativität, jeweils bezogen auf den situationellen Bedarf der Kommunikationspartner (Grice 1975/1968). (Inwieweit Habermas sich von Grice hat inspirieren lassen, muss hier offen bleiben.)

Wenn Grice und Habermas ihre Vorstellungen auch im Kontext unterschiedlicher Forschungsfragen entwickelt haben, lässt die erhebliche Übereinstimmung es zu, das Konzept der kommunikativen Rationalität entsprechend ihrer Kategorisierung auszubuchstabieren und sich dabei an der von Grice gewählten Form der *Maximen* zu orientieren:

- Rede wahrhaftig!
- Rede sachlich wohlbegründet! („Wahrheit")
- Rede normativ wohlbegründet! („Richtigkeit")
- Rede zum Wesentlichen!
- Rede informativ!
- Rede klar und verständlich!

Diese Maximen, die hier in einer für die politische Kommunikation prioritären Reihenfolge aufgeführt sind, lassen sich nicht nur als Manifestationen kommunikativer Rationalität, sondern zugleich als Gebote einer kommunikativen Ethik verstehen (s. Kap. 5).

Trotz universeller Geltung dieser Ansprüche fehlt im Bereich der Politik ein verbindlicher Maßstab für ihre Erfüllung. Die Vorstellungen davon, was wahr, was richtig, was relevant ist, gehen vielfach auseinander. Es ist ein Grund dafür, dass Politiker/-innen auch dann, wenn sie aus ihrer Sicht den genannten Maximen genügen, damit rechnen müssen, dass Rezipienten/-innen, insbesondere politische u./o. ideologische Gegner, ihnen mit gleich ehrlicher Überzeugung Unglaubwürdigkeit, Entstellung von Tatsachen, mangelnde Bereitschaft zuzuhören u. Ä. vorwerfen.

Dazu kommt: Politiker/-innen stehen gleichzeitig unter dem Druck eines weiteren Normenpakets. Es ist bestimmt von einem anderen Rationalitätskonzept, der Zweckrationalität im Dienste des Partikularinteresses der von ihnen vertretenen Partei u./o. des persönlichen Eigeninteresses. Dazu gehören als wichtige *strategische Maximen*

(1) Stelle die eigene Position positiv dar!
(2) Stelle die gegnerische Position als ablehnenswert dar!
(3) Demonstriere Leistungsfähigkeit und Durchsetzungskraft!
(4) Mache dir durch deine Rede in relevanten Gruppen möglichst viele geneigt und möglichst wenige zu Gegnern!
(5) Halte dir Operationsspielräume offen!

Das sprachliche Handeln nach jeder dieser Maximen mobilisiert bei der eigenen Gruppierung, bei Gegnern und bei umworbenen Dritten unterschiedliche Wirkungspotentiale: Die vehemente eigene Positivdarstellung (1), verknüpft mit verbaler Geißelung von Gegnern (2), stärkt den Gruppenzusammenhalt, z. B. wenn Parteitagsreden zu kollektiven Erlebnissen von Gruppenidentität werden. Gegenüber Gegnern ist der Kommunikationsmodus provokativ – allerdings sind persuasive Effekte mit Verzögerung nicht ausgeschlossen; denn beharrlich hart attackiert zu werden, kann zu Positionsänderungen führen. Maxime (3) motiviert zu ‚Alles-im-Griff'-Attitüden und zu „Symbolischer Politik" (Sarcinelli 1987). Verhalten nach dieser Maxime soll das Selbstbewusstsein der eigenen Seite stärken, die Gegner verunsichern und beim breiten Publikum Vertrauen schaffen. Maxime (4) führt einerseits zu affirmativem Bezug auf Konsenspotentiale, z. B. durch Abstimmung von Sprachstil, kognitivem Niveau und inhaltlicher Akzentuierung auf den Adressatenkreis, etwa im Gebrauch von Schlüsselwörtern und Stereotypen. Die andere Folge sind vorsichtige Formulierungen im Hinblick auf unliebsame Maßnahmen für potentielle Wählergruppen. Darüber hinaus eröffnen sie – im Sinne von Maxime (5) – Operationsspielräume für künftiges Handeln.

Für politische Akteure ist es am einfachsten, wenn sie den Ansprüchen sowohl der universalistisch orientierten und als auch der partikularistisch orientierten Rationalität folgen können, ohne dass diese kollidieren. Dies ist bspw. der Fall

- wenn man offen und wahrheitsgemäß Vorhaben verkünden kann, ohne Verärgerung bei relevanten Gruppen befürchten zu müssen,
- wenn man den Informationsbedarf von Adressaten befriedigen kann, ohne sich Verhandlungsspielräume einzuengen,
- wenn die eigenen Politik so glänzend da steht, dass man kein relevantes Thema zu scheuen braucht,
- wenn der Gegner so schwach ist, dass man Durchsetzungskraft demonstrieren kann, ohne ihn unsachlich oder unfair anzugreifen.

Nicht selten aber kommt es zum Normenkonflikt zwischen den Maximen der beiden unterschiedlichen Rationalitätstypen. (Zu dann entstehenden kommunikationsethischen Problemen s. Kap. 5).

3.2 Emotionalität

3.2.1 Emotionstypen

Emotionen haben motivierende Kraft für Handeln oder Nicht-Handeln. Das gilt für politische Akteure ebenso wie für die Adressaten ihrer Botschaften. Politische Rhetorik geht von zwei Prämissen aus:

(1) Emotionen sind kein ausschließlich individuelles Phänomen, sondern können gruppenspezifisch ausgeprägt sein.

(2) Kollektiv ausgeprägte Emotionen lassen sich – u. a. mit rhetorischen Mitteln – beeinflussen, wenn auch nicht beliebig.

Von ‚Emotionalisieren' wird vor allem gesprochen, wenn starke Emotionen mobilisiert werden. Doch diese sind nur ein Ausschnitt aus einem Emotionen-Spektrum, auf das in ganzer Breite strategisch zugegriffen werden kann. Um der Verengung des Emotionsbegriffs zu begegnen, wird in Tabelle 3.2.1 eine Taxonomie der für politische Kommunikation wichtigsten Emotionen präsentiert. Sie sind entsprechend den Ergebnissen der Emotionspsychologie nach den Parametern Wertigkeit (positiv/negativ), Bezug (Situationsbezug/Selbstbezug/Bezug zu Andern) und Stärkegrad (stark/moderat/schwach) geordnet (vgl. Schwarz-Friesel 2007, 66–72).

Da Emotionstermini gleichzeitig Begriffe der Allgemeinsprache mit ihren Unschärfen sind, betrifft die Zuordnung zu den Parametern jeweils die Schwerpunktverwendung. Manche Emotionsbezeichnungen sind hinsichtlich des Parameters ‚Stärke' unbestimmt. In Tabelle 3.2.1 (S. 48/49) sind sie unter ‚moderat' eingeordnet. Pfeile signalisieren, dass sie stark (<) und schwach (>) ausgeprägt sein können.

In politischer Kommunikation geht es um Positiv- und Negativbewertung von Situationen und Sachverhalten, um positiv oder negativ gefärbte Bezugnahme auf Andere (Wähler, politische Gegner etc.) und um Eigenprofilierung der politischen Akteure. Stets ist das mit entsprechenden Emotionen verbunden. Rhetorik geht seit je von der Prämisse aus, in Adressaten Emotionen erregen zu können, indem Emittenten diese Emotionen selber zum Ausdruck bringen u./o. thematisieren. Das geschieht im Bereich der Politik primär verbal. Nonverbales, vor allem Mimik und Gestik, spielen dabei lediglich eine – im günstigen Falle unterstreichende – Nebenrolle.

Es ist mit ausreichender Sicherheit kaum zu entscheiden, ob Emotionen in politischer Kommunikation inszeniert oder authentisch oder auch eine Mischung aus beidem sind. Auf Spekulationen über die ‚Echtheit' von Emotionen wird deshalb hier ebenso verzichtet wie auf eine – in die Zuständigkeit der Psychologie fallende –

Fokussierung auf psychische Prozesse ‚hinter' der rhetorischen Darstellung. Als zentraler Terminus wird „Emotionen zum Ausdruck bringen" verwendet.

3.2.2 Sprachliche Formen

Wer unmissverständlich klar machen will, welche Emotion ihn/sie oder die Gruppe, für die er/sie zu sprechen prätendiert, bewegt, kann einen präzisen Emotionsbegriff – sei es in Adjektiv-, Verb- oder Substantivform – in Verbindung mit einem Personalpronomen der ersten Person *(ich, wir)* verwenden, z. B.

- *Wir Deutschen sind jetzt das glücklichste Volk auf der Welt.* (Berlins Regierender Bürgermeister Momper, SPD, am 10. 11. 1989, dem Tag nach Öffnung der Berliner Mauer).
- *Ich schäme mich für den deutschen Staat.* (Justizminister Maas, SPD, anlässlich einer Gedenkfeier zum NSU-Anschlag in Köln. Quelle: SPIEGEL online 9. 6. 2014)
- die meisten der in Tabelle 3.2.1 aufgeführten Emotionsbegriffe: *Es freut mich … Wir sind zufrieden … Ich bin wütend … Wir machen uns Sorgen …* etc.

Auch wenn Emittenten Art und Grad des emotionalen Involvements meist nicht explizit benennen, sobald wertende Begriffe auftauchen, enthalten sie emotionale Bedeutungselemente – starke *(Terrorist, unerträglich, verludern, …)* oder schwache *(Haushaltsplus, angemessen, befrieden, …)* (vgl. Hermanns 2002).

Tab. 3.2.1 Emotionen

Bezug	'positive' Emotionen			'negative' Emotionen		
	stark	moderat	schwach	stark	moderat	schwach
SITUATION	Euphorie	Hoffnung, Zuversicht	Unbeschwertheit, Erleichterung	Wut	Sorge	Unbehagen
				Angst, Furcht	Unsicherheit	Skepsis
	Begeisterung	Freude	Zufriedenheit	Verzweiflung	Traurigkeit	Deprimiertheit
SELBST	Stolz	Selbstvertrauen, Selbstsicherheit	Selbstzufriedenheit	Scham	Schuldgefühl	Gewissensbisse
	<	Selbstbewusstsein	>	<	Minderwertigkeitsgefühl	>
	Identifikation (als Gruppe)	Gemeinschaftsgefühl (als Gruppe)				

3 Dimensionen politischer Rhetorik

Bezug	‚positive' Emotionen			‚negative' Emotionen		
	stark	moderat	schwach	stark	moderat	schwach
ANDERE	Enthusiasmus	Bewunderung	Wohlwollen	Empörung	Zorn	Ärger, Unmut
	Liebe	Sympathie	Zuneigung	Hass	Antipathie	Abneigung
	∨	Vertrauen	∧	∨	Misstrauen	∧
	∨	Achtung	∧	Abscheu	Verachtung	Geringschätzung
	∨	Empathie	∧			
	∨	Mitgefühl	∧	∨	Neid	∧
	Identifikation (mit einer Gruppe)	Gemeinschaftsgefühl (mit einer Gruppe)				

Emotionen manifestieren sich auch im Stil. In der politischen Kommunikation werden umgangssprachliches Vokabular *(super, kapieren, Blödheit)* und mehr noch Vulgarismen *(Fresse, Arschtritt, Saukerle)* als Ausweis von Unbefangenheit verwendet, letztere auch als Ausdruck von Wut.

Der Ausdruck von Emotion lässt sich häufig auch aus dem Kontext erschließen. Wenn die deutsche Bundeskanzlerin Merkel bei der Pressekonferenz am 31. 8. 2015 einen Maßnahmen-Katalog zur Bewältigung der Flüchtlingsproblematik darlegt und mit dem Satz schließt *Wir schaffen das,* dann ist offensichtlich, dass damit angesichts der vorangegangenen Passage (Skizzierung der künftigen Aufgaben; Hinweis auf Deutschlands Stärke bei Bewältigung schwieriger Probleme) Zuversicht und kollektives Selbstvertrauen bewirkt werden sollen.

Gelegentlich setzen Emittenten auf die Wirksamkeit ‚unterkühlter Rhetorik'. Sie thematisieren etwas, von dem sie annehmen, dass es von sich aus emotionalisiert, etwa wenn in ostentativer ‚Sachlichkeit' Polizeiberichte über eine Häufung von Gewalttaten, begangen von Angehörigen einer Gruppe X, zitiert werden. Unterkühlte Rhetorik zielt auf Stärkung von Glaubwürdigkeit aufgrund des Images von Sachlichkeit. Im Beispielfall soll die emotional neutrale Präsentation in Kombination mit der Autorität des Genres ‚Polizeibericht' der Botschaft hohe Glaubwürdigkeit verleihen und so die beabsichtigte Wirkung verstärken, Angst, Misstrauen oder Hass gegenüber der Gruppe X zu mobilisieren.

Manche Formen des Ausdrucks von Emotionen weisen eine *Präferenz für bestimmte Medien und Genres* auf.

So finden sich Ein- und Zwei-Wort-Exklamationen *(Schade!, Gut so! ...)* in medialen Formen lebhaften Gesprächs (z. B. Talkshow) und Kurztext-Kommunikation (z. B. Twitter).

Demgegenüber ist die ‚Große Rede' das klassische Genre zur Entfaltung von Pathos im Sinne ‚großer Gefühle'. Sie gibt Raum, um Gedanken, Werte und Gefühle argumentativ, narrativ und appellativ auszuarbeiten und große Zuhörermengen mit kraftvoller Stimme, farbiger Modulierung und ausdrucksstarker Gestik in Bann zu ziehen. (s. Kap. 4.4.6)

3.2.3 Eigengruppe und Gegner

Kennzeichnend für politische Rhetorik ist der Gegensatz des emotionalen Umgangs mit der Eigengruppe und mit politischen Gegnern.

Gemeinschaftsgefühl zu pflegen, gegebenenfalls zu beschwören ist für politische Gruppierungen unerlässlich. Im *Wir* drückt sich das kollektive Selbst aus, oft ergänzt durch Selbstbenennung: *Wir Grüne, wir Liberale* etc. Dazu kommen in manchen Parteien traditionelle Anreden: *Genossen* oder *Freunde.* Begriffsfelder mit den lexikalischen Kernen *gemeinsam/Gemeinschaft, solidarisch/Solidarität* und *einig/Einheit* u. Ä. sind Arsenale für Beschwörungsformeln. Der Feier von Gemeinschaftlichkeit dienen ideologisch geprägte Begriffe von hoher gruppeninterner Wertigkeit, wie *Soziale Marktwirtschaft* in der CDU oder *Solidarität* in der SPD samt zugehörigen „Trabantenbegriffen" (Dieckmann 1969, 32). Floskeln *(Wir können stolz sein darauf, dass ..., Wir müssen den Mut haben ...)*, modellieren, z. B. in Parteitagsreden, die eigene Gruppe als politische Leistungsgemeinschaft. Auch nonverbale Symbole wie Parteifarben, Abzeichen u. Ä. zielen auf Stärkung von Gemeinschaftlichkeit.

Im Umgang mit politischen Kontrahenten kommen sämtliche negativen Emotionen gegenüber Anderen zum Zuge (s. Tabelle 3.2.1). Das Spektrum möglicher Kontra-Argumentation auf der Sachebene (s. Kap. 4.1.4), wird für Vorwürfe mit demonstrativ emotionaler Akzentuierung genutzt. Die Stärke der gezeigten Emotionen steht in enger Beziehung zum grundsätzlichen Verhältnis der Gegner zueinander – die folgenden Beispiele sind mit wenigen Ausnahmen Sitzungen des Deutschen Bundestages entnommen:

Im Falle unbelasteter Konkurrenz klingen Unmut und Unverständnis – eher moderate Negativ-Emotionen – aus typischen Formulierungen wie *So geht es nicht; Mit großem Unverständnis verfolgen wir; ... genau die falsche Schwerpunktsetzung.*

Bei harter Gegnerschaft werden die Emotionen stärker. Zornig, ja empört echauffiert man sich: *Das kann doch nicht wahr sein! ... eine Politik der Verantwortungslosigkeit!* Hyperbeln kommen zum Einsatz: Der Gegner steht nicht bloß für *Ungerechtigkeit* oder *Katastrophe,* sondern für *himmelschreiende Ungerechtigkeit* und *eine einzige Katastrophe.* Auch abfällige Partei-Bezeichnungen begegnen: z. B. *Verbotspartei* oder *Partei der Besserverdienenden.*

Wenn die Atmosphäre vergiftet ist und eher Feindschaft als Gegnerschaft herrscht, lässt sich der Ausdruck von starken Emotionen im Spektrum zwischen Empörung, Abscheu und Hass beobachten: Moral wird abgesprochen *(Dafür sollten sie sich schämen!)*, Irrsinn unterstellt *(Wie krank ist denn das?!)*, es wird beleidigt *(Sie gehören auf den Misthaufen der Geschichte!)* und Verfassungsbruch unterstellt *(Keine weitere Aushöhlung der Souveränität!)*. Gegner werden mit herabwürdigende Unwertbegriffen (Dysphemismen) stigmatisiert *(rassistisch, Kanzlerdiktatorin, Volksverräter)*.

3.2.4 Normativität und Umstrittenheit

Emotionen und ihre Darstellung unterliegen in hohem Maße soziokulturellen Normen. Für manche Redettypen ist die Expression bestimmter Emotionen geradezu obligatorisch. So ist es Pflicht von Parteivorsitzenden, in der zentralen Parteitagsrede Gemeinschaftsgefühl zu beschwören. Auch die ostentative Standard-Reaktion der Delegierten, langanhaltender, heftiger Applaus als Manifestation begeisterter Gemeinschaftlichkeit, ist nicht selten eher der Parteidisziplin als spontaner Gefühlsregung geschuldet. Die Reaktion politischer Gegner auf solche Veranstaltungen fällt ähnlich obligatorisch aus: Man bringt Sorge, Unverständnis o. Ä. zum Ausdruck.

Emotionsbezogene Normen unterliegen dem *historischem Wandel* und können *umstritten* sein – auch politisch. Krieg war Anfang des 20. Jahrhunderts in vielen Ländern Europas erwünschter Gegenstand von Begeisterung, 100 Jahre später ist es Friede. Während in der sog. ‚Flüchtlingskrise' 2015/16 bei vielen Mitgefühl *(Mit-

menschlichkeit) vorherrschte und der Begriff *Willkommenskultur* das rhetorische Zentrum bildete, schwankten andere zwischen Sorge und Angst und sprachen von *Masseneinwanderung aus islamischen Ländern* und *Kontrollverlust des Staates.*

3.2.5 Emotionscluster

Unter strategischem Aspekt ist es für politische Akteure wichtig, die emotionalen Wirkungschancen ihrer Botschaften bei Adressaten richtig einzuschätzen. Dazu ist unabdingbar, die emotionale Ausgangslage bei den Adressaten in den Blick zu nehmen. Vor allem bei Kampagnenplanungen fällt auf, dass politisch relevante Emotionen der Wähler/-innen nicht isoliert betrachtet werden dürfen, sondern dass stets mehrere Emotionen als Cluster zusammenhängen. So sind bspw. Minderwertigkeitsgefühle sich benachteiligt fühlender Gruppen (Selbstbezug) vielfach mit Wut über Zustände (Situationsbezug) und mit Zorn auf dafür verantwortlich gemachte Personen/Institutionen/Gruppen (Bezug auf Andere) fest verbunden. Insbesondere diese Emotionen-Konstellation wird von Repräsentanten/-innen nicht selten als Opferrolle (verbunden mit der Suggestion moralischer Überlegenheit) stilisiert. Hier steht die politikwissenschafliche Emotionsforschung noch in den Anfängen (vgl. Korte 2015). (Zur strategischen Nutzung von Emotionsclustern s. Kap. 4.5.2.)

3.3 Emittent-Adressaten-Beziehung

3.3.1 Image – Das Bild der Adressaten vom Emittenten

Es gehört zu den elementaren Erkenntnissen schon der antiken Rhetorik, dass das öffentliche Ansehen von Emittenten und die Beziehung, in der sie zu ihren Adressaten stehen oder die sie in der Rede aufbauen, höchst wichtig für den Persuasionserfolg sind. Das gilt für kollektive Emittenten, z. B. Parteien, ebenso wie für individuelle Akteure. Deren Image ist nicht unabhängig von der Gruppe, zu denen sie gehören. Die Images von Parteien sind keine festen Größen. Grobeinschätzung nach dem Links-Rechts-Schema, Verknüpfung mit politischen Einzelentscheidungen, Rolle als Regierungs- oder Oppositionspartei, Beurteilung des Spitzenpersonals, parteiinterne Geschlossenheit oder Steit sowie die Einschätzung der Leistungsfähigkeit auf Sachgebieten spielen zusammen, wobei die Relevanzen der genannten Parameter nicht stabil bleiben. Diese Instabilät hat zur Folge, dass insbesondere im Vorfeld von Wahlkampagnen der ‚Stand' des jeweiligen Images demoskopisch ermittelt wird, um die Kampagne entsprechend anzulegen. Das umfasst auch die Images der Spitzenkandidaten in den wichtigsten Kategorien *Glaubwürdigkeit, Sachkompetenz* und *Sympathie*. Deren hohe Ausprägung ist beste Voraussetzung für die zentrale politische Beziehungsemotion: Vertrauen.

Der individuelle Teil des Images von Politikern ergibt sich aus der Position innerhalb der politischen Institutionen, aus bisherigen Aktivitäten, aus medialen Zuschreibungen (*Hoffnungsträger, Alpha-Tier* etc.). Ein Stück Imagebildung aufgrund der Möglichkeit des Publikums, sich (scheinbar) ein eigenes Bild zu machen, bieten Medienauftritte, z. B. Talkshows, auch Posts und Tweets.

Rhetorisches Agieren von Politikern findet ungekürzt vor allem in Talkshows und Interviews, vor Wahlen insbesondere im TV-Duell der Spitzenkandidaten statt. Um die eben genannten Eigenschaften sowie die wichtige Eigenschaft ‚Durchsetzungskraft' rhetorisch zu unterstreichen, gelten als Indizien

- für Kompetenz: Sachverhalte knapp und verständlich zu erklären,
- für Glaubwürdigkeit: politisch-moralische Commonsense-Sprüche (vgl. Reinemann und Maurer 2007, 324 f.), sofern dem Akteur weder Widersprüchlichkeit eigener Aussagen noch das Auseinander-Klaffen von Worten und Taten vorgeworfen werden können,
- für sympathisches Wesen: angenehme Ausstrahlung in Mimik, Gestik, Outfit sowie ein Ton im Spektrum von freundlich über höflich und entschieden bis Contenance bewahrend auch in Kontroversen,
- für Durchsetzungsfähigkeit: aus Kontroversen als ‚Sieger' hervorzugehen; Themen auch gegen Moderator oder Interviewer durchzusetzen (vgl. Rütten 1989, 207–227), Unterbrechungsversuche abzuwehren und selber andere hin und wieder – eher unauffällig, aber erfolgreich – zu unterbrechen (vgl. Klein 1990, 28); Schlagfertigkeit.

Seit – aus mancherlei Gründen – der Inszenierungscharakter von Akten politischer Kommunikation ins öffentliche Bewusstsein geraten ist, hat sich der Anspruch vieler Adressaten an Politiker/-innen auf Glaubwürdigkeit verschärft zum Anspruch auf „Authentizität". Angesichts des – vor allem in den Sozialen Netzwerken lauter werdenden – Vorwurfs elitärer Abgehobenheit der ‚etablierten Politik' gewinnt für politische Emittenten auch die Zuschreibung von Bürgernähe und Zuhören-Können an Bedeutung.

3.3.2 Partnerhypothesen – Das Bild des Emittenten von den Adressaten

Politische Akteure sind daran interessiert, über die Prioritäten ihrer potenziellen Wählerschaft informiert zu sein. Um als Emittent politischer Botschaften angemessene Partnerhypothesen über die Adressaten gewinnen zu können, gehört dazu nicht nur Wissen über wirtschaftliche Interessen, sondern auch über kulturelle Gewohnheiten, normative Orientierungen und Selbstbilder. Wo solches Wissen nicht aufgrund direkter Kontakte, z. B. auf kommunaler Ebene, oder aufgrund sonstiger sozialer Nähe vorhanden ist, lassen sich Informationen auf unterschiedlichste Art gewinnen – von der Nachfrage beim Veranstalter einer Kundgebung bis zur Demoskopie auf nationaler Ebene. Entsprechende Informationen sind für die Beziehung, die die Emittenten in der Kommunikation mit ihren Adressaten modellieren, von erheblicher Bedeutung.

Weitgehend unabhängig davon, welches Bild sie gewinnen, auch wenn es eher negativ ist: den Adressaten gegenüber erwecken Emittenten durchweg den Eindruck eines überaus positiven Bildes vom Publikum. Das Gegenteil würde den Persuasionserfolg gefährden. So gehört es zu den Ritualen politischer Rhetorik, ‚die Bürgerinnen und Bürger' als Autorität zu würdigen, auch wenn manche Politiker/-innen unter den Bedingungen von ‚Stimmungs-' (Oberreuter 1987) und ‚Aufregungsdemokratie' (Karl-Rudolf Korte bei der 12. IKPK der KAS 2014) keine hohe Meinung von der Wählerschaft haben.

3.3.3 Modellierung der Emittenten-Adressaten-Beziehung

Emittent-Adressaten-Beziehungen in der Politik umfassen ein Spektrum zwischen völliger Identifizierung (bei vorbehaltloser Anhängerschaft) und maximaler Distanzierung (bei scharfer Gegnerschaft). Mindestens so relevant wie diese Extreme sind ‚gemäßigte' Ausprägungen. Sie werden zunächst vorgestellt:

Die vorherrschende Beziehung zwischen individuellen und kollektiven Emittenten politischer Botschaften und der Bürgerschaft bzw. Wählerschaft ist *Marktbeziehungen* nicht unähnlich: Politische Emittenten fungieren als Anbieter und die Wähler als Kunden, die zwischen unterschiedlichen Anbietern wählen können und in Form ihrer Wählerstimme zahlen.

Explizit wird das Marktmodell bspw. von Bundeskanzlerin Angela Merkel in ihrer Standard-Wahlkampfrede im Bundestagswahlkampf 2013 angesprochen. Zu Beginn heißt es: *Und deshalb möchte ich mit ihnen darüber sprechen, welches Angebot wir* (= die CDU J. K.) *Ihnen machen. Und Sie können dann entscheiden, ob dieses Angebot gut für Ihr persönliches Leben ist.* Die Adressaten sind nicht ins *wir* eingeschlossen (exklusives *Wir*). (www.youtube.com/watch?v=7--kmuylfLQ. Letzter Zugriff am 27.07.2018)

Das Bemühen politischer Akteure erschöpft sich meist nicht im nüchternen Verdeutlichen der marktähnlichen Emittenten-Adressaten-Beziehung. Vielfach wird versucht, sie durch Implementierung kognitiver, emotionaler und ethischer Elemente zu überdecken. Distanz soll verringert, Gemeinsamkeit betont oder sogar Gemeinschaft suggeriert werden. (Dem verdankt sich ein Teil der oben behandelten Imagearbeit von Emittenten und der Modellierung von Adressatenbildern.) So beschränken sich Merkel und die Union im Bundestagswahlkampf 2013 – anders als in der merkelschen Standardrede – nicht auf das Marktmodell. Überwiegend ist die Kampagne nach dem *Gemeinschaftsmodell* konzipiert (zu den Einzelheiten s. Kap. 4.5.3).

Gemeinschaft zu inszenieren, indem Emittenten *und* Adressaten gleichermaßen auf Konsens eingestimmt sind, haben schon die antiken Autoren als das zentrale Merkmal der „epideiktischen" Rede herausgearbeitet (vgl. Matuschek 1994). Es sind Reden und Texte, in denen sich eine Gruppe z. B. anlässlich eines Jahrestages oder einer anderen Feier via Rede ihrer Einigkeit über die Bewertung des Feier-Anlasses u./o. gemeinsamer Erfahrungen und Werte vergewissert.

In der Politik gibt es Anlässe, zu denen es hohen Repräsentanten von Staat und Gesellschaft vorbehalten ist, eine epideiktische Rede zu halten. Häufig haftet diesen Reden etwas Rituelles an, wenn sich der konsensuelle Charakter in der Thematisierung von Bekanntem, im Ausblenden von Umstrittenem und im Bekenntnis zu normativen Selbstverständlichkeiten erschöpft.

Davon hebt sich die Rede des Bundespräsidenten Richard von Weizsäcker vom 8. Mai 1985 zum 40. Jahrestag der Beendigung des Zweiten Weltkrieges deutlich ab. Bis dahin war der 8. Mai vor allem ein Feiertag der Siegermächte gewesen. Dass die Bundesrepublik Deutschland selber 1985 den Jahrestag mit einer Rede des Bundespräsidenten vor dem Bundestag öffentlich begehen sollte, war im Vorfeld umstritten. Es gab zwar eine Mehrheitsmeinung, aber keinen Konsens darüber, ob der 8. Mai 1945 primär als Tag der Befreiung von der NS-Herrschaft oder als Tag der deutschen Niederlage zu deuten sei. Weizsäcker stellt sich dem. Als oberster Repräsentant des Staates modelliert er das Verhältnis zu seinen Adressaten sogleich als Gemeinschaft:

Wir Deutschen begehen den Tag unter uns, und das ist notwendig. Wir müssen die Maßstäbe allein finden. Schonung unserer Gefühle durch uns selbst oder durch andere hilft nicht weiter. Wir brauchen und haben die Kraft, der Wahrheit, so gut wir es können, ins Auge zu sehen, ohne Beschönigung und ohne Einseitigkeit.

Der Redner präsentiert sich als Vordenker und Artikulationsorgan einer *Deutungs- und Reflexionsgemeinschaft*, die sich empathisch die Erfahrungen und Leiden der von NS-Herrschaft, Krieg und Kriegsfolgen betroffenen Gruppen bewusst macht, die die Entwicklung der Nachkriegsgeschichte, insbesondere die Haltung der westlichen Staaten gegenüber der Bundesrepublik, ausleuchtet und die durch Abwägung von Pro und Kontra zur Deutung findet: *Der 8. Mai war ein Tag der Befreiung.*

Die engste rhetorisch inszenierbare Emittent-Adressaten-Beziehung ist die *Identifikation:* Der Emittent schafft es, dass sich die Adressaten mit ihm identifizieren – vielfach, indem er seinerseits prätendiert, sich mit ihnen zu identifizieren. Das setzt hohe Erwartungen an Gemeinsamkeit insbesondere innerhalb einer Gruppe, z. B. einer Partei, voraus. Es wäre zu oberflächlich, solches Sich-Identifizieren als rein personale Beziehung zu interpretieren. Es geht um Situationen, in denen der Emittent Gemeinschaftlichkeit auf eine Weise imaginiert, die Begeisterung auslöst und so ein hochemotionales Gemeinschaftserlebnis entstehen lässt. Die wechselseitige Identifikation von Emittent und Adressaten läuft über die Identifikation mit der Gemeinschaft und mit dem, was „wir" bewundern und worauf „wir" stolz sind (sog. ‚Miranda'). Solches kollektives Erleben setzt normalerweise zweierlei voraus: zum einen große Live-Veranstaltungen mit Adressaten als ‚Publikum', zum anderen den langen Atem einer zusammenhängenden Rede. Dies können weder Schrifttexte – egal in welchem Medium – noch Talkshows und andere Gesprächsformen leisten.

Ein geradezu musterhaftes Beispiel für diesen Typ identifikatorisch-integrativer Rhetorik liefert die Rede von Martin Schulz beim Sonderparteitag der SPD am 19.März 2017, der dort zum neuen Parteivorsitzenden und gleichzeitig zum Kanzlerkandidaten gewählt werden sollte. Die politischen, insbesondere machtpolitischen Erwartungen der Partei an ihn waren hoch. Seit seiner Nominierung durch den Parteivorstand wenige Wochen zuvor waren die Zustimmungswerte zur SPD um beinahe 10 % auf 31–32 % gestiegen – etwa gleichauf mit der Union. Schulz' Popularitätswerte hatten zeitweise die der Bundeskanzlerin Merkel (CDU) überholt. (Vgl. https://www.presseportal.de/pm/6694/3580839 Letzter Zugriff 6.3.2018). Mitreißend, teils mit Pathos feiert Schulz in der Bewerbungsrede die prioritären sozialdemokratischen Werte *Gerechtigkeit* und *Respekt,* preist die historischen Verdienste der SPD (*die Demokratie erstritten; hat sich den Nationalsozialisten in den Weg gestellt* etc.), erweist den großen Führungsfiguren der SPD von August Bebel bis Willy Brandt seine Referenz, nennt zentrale sozialdemokratischen Anliegen der Gegenwart *(Wir wollen loslegen und gleichen Lohn für gleiche Arbeit erreichen; Wir wollen, dass Bildung gebührenfrei wird; Wir wollen ...)* und eröffnet schließlich selbstbewusst die Machtperspektive *(Ich will Bundeskanzler der Bundesrepublik Deutschland werden).* Dazu kommt im biographischen Abschnitt die Schulz-Story vom sozialen Aufstieg aus kleinen Verhältnissen trotz Beinahe-Scheitern, geeignet für die Parteibasis, sich angesichts des sozialdemokratischen Menschenbildes auch persönlich mit ihm zu identifizieren. Die Identifikation der Parteitagdelegierten mit Schulz manifestiert sich in reichlichem, teils stürmischem Applaus während und nach der Rede, vor allem aber in Schulz' überwältigendem Ergebnis in geheimer Wahl: 100 %.

Auch in manchen Wahlkämpfen wollen die Kampagnenakteure bei ihren Adressaten, den Wählern/-innen, mehr erreichen als bloße Zustimmung. Das gilt vor allem dort, wo es weniger um Parteien als um Personen geht wie bei der Wahl des US-Präsidenten. Der Kandidat soll zum Identifikationsobjekt werden, zum Erfüller der Sehnsüchte und zur Verkörperung des vergrößerten und idealisierten Ich seiner Adressaten. Mit welchen rhetorischen Strategien das zu erreichen versucht wird, wird im Kampagnen-Kapitel (4.5) thematisiert.

4
Politische Rhetorik als sprachliches Handeln

4.1 Argumentieren. Der zentrale rhetorische Handlungstyp

4.1.1 Strittigkeit und Konklusivität

Wer überzeugen will, muss für seine Position Gründe anführen. Daher ist Argumentieren der zentrale sprachliche Handlungstyp politischer Rhetorik. Er umfasst das Legitimieren und Delegitimieren staatlichen Handelns ebenso wie das Begründen von Thesen und das Rechtfertigen von Ideen und Praktiken – auch außerhalb politischer Institutionen. Das begründete Einwenden gehört als Kontra-Argumentieren dazu. Argumentation ist in politischer Kommunikation geradezu ubiquitär. Sie findet auf allen sprachlichen Strukturebenen vom Wort bis zum Diskurs statt.

Ausgangspunkt für Argumentation ist eine offene Frage („quaestio"), z. B. *Sollen Steuern erhöht werden?* Zum Pro- und Kontra-Argumentieren kommt es dann, wenn die Antwort auf die Frage strittig ist. In der politischen Realität startet Argumentieren allerdings vielfach nicht mit einer Frage, sondern mit der Problematisierung oder Ablehnung politischen Handelns. Argumentiert wird auch prophylaktisch, um Widerspruch vorzubeugen.

Als *Argument* greift man auf einen oder mehrere Sachverhalte, Wertungen oder Normen zurück, die man für unumstritten oder weniger umstritten hält. Der Linguist Wolfgang Klein (1980, 19) hat das zugespitzt in der Formel „In einer Argumentation wird versucht, mit Hilfe des kollektiv Geltenden etwas kollektiv Fragliches in etwas kollektiv Geltendes zu überführen."

Zum Ruf des rationalen Charakters von Argumentieren trägt die für Argumentieren zentrale kognitive Operation des Schließens bei (,Konklusivität' vgl. Klein, Josef 1987, 89–125). Sie bildet, wie schon Aristoteles (2002, Buch 1, Kap. 2, 1356 a 35–1356 b 10) entdeckt hat, den logischen Kern des Argumentierens. Sie besteht aus der (potenziell) *strittigen Position,* dem *Argument,* das die Position stützt, sowie dem Element, das die Schlussbeziehung zwischen beiden repräsentiert (als *regelhafte Beziehung* oder *Schlussregel* bezeichnet). Dazu ein Beispiel:

Strittige Position:

(1) *Wir werden die Steuern erhöhen.*

Um die Position weniger strittig zu machen (und damit Partner zu überzeugen), greift der Emittent als Argument auf einen in der jeweiligen „Wissensgemeinschaft" (Römer 2017, 92) als unstrittig oder zumindest als weniger strittig unterstellten Sachverhalt (2) zurück:

Argument:

(2) Die Einnahmen reichen nicht mehr für das Notwendigste an staatlicher Leistung.

Um als Argument infrage zu kommen, reicht es nicht einen beliebigen unstrittigen Sachverhalt anzuführen, sondern dieser muss mit der vertretenen Position in einem gesetzmäßigen oder zumindest regelhaften Zusammenhang stehen. Der bleibt oft ungesagt, weil man davon ausgeht, dass er vom Partner als ‚kollektiv geltendes' Wissen (s. o.) selbstverständlich mitgedacht wird. Er lässt sich in unserem Beispiel etwa als (3) formulieren:

Regelhafter Zusammenhang (vielfach als „Schlussregel" bezeichnet):

(3) Wenn die Einnahmen nicht mehr für das Notwendigste an staatlicher Leistung ausreichen, müssen in der Regel die Steuern erhöht werden.

In der Terminologie der Logik bedeutet das: Aus (2) und (3) als Prämissen wird (1) als Konklusion gefolgert, wobei es sich – wie meist in der Alltagskommunikation – nicht um einen deduktiven, keine Ausnahme zulassenden Schluss im Sinne der klassischen Logik handelt, sondern um einen ‚alltagslogischen' Common-sense-Schluss auf der Basis von Wahrscheinlichkeiten (deskriptive Variante) u./o. von Handlungsnormen (normative Variante) im Sinne nicht-monotoner Logik – meist unter Einbeziehung implizit bleibender Hintergrundannahmen, in unserem Fall z. B. der Annahme, dass die Einsparungsmöglichkeiten bei den staatlichen Ausgaben erschöpft sind.

Bleibt – wie meist – die regelhafte Beziehung implizit im sprachlichen Hintergrund, so erscheint die Argumentation auf der expliziten sprachlichen Außenseite meist als sog. ‚Kausalbeziehung' – in unserem Beispiel etwa als (4):

(4) *Wir werden die Steuern erhöhen! Denn die Einnahmen reichen nicht einmal mehr für das Notwendigste an staatlicher Leistung.*

Argumentieren erschöpft sich allerdings nicht in der abstrakten, letztlich formalen Prozedur des Schließens. Diese sichert nicht den rationalen Charakter von Argumentation. Denn Argumentation hat auch eine inhaltliche Seite und – vor allem wenn pro und kontra argumentiert wird – eine Beziehungsseite.

Im Falle unseres Beispiels könnte ein Opponent (z. B. aus liberaler Sicht) sowohl die Wahrheit von (2) als auch die Geltung der in (3) formulierten Regel bezweifeln. Idealiter würde es kommunikativer Rationalität (s. o.) entsprechen, die Meinungsverschiedenheit in verständigungsorientierter Grundhaltung per Austausch von Argumenten so zu bearbeiten, dass man durch den „eigentümlich zwanglosen Zwang des besseren Arguments" (Habermas 1971, 137) zum Konsens gelangt.

In der politischen Realität fehlen dafür meist die Voraussetzungen. Es gibt Differenzen in Grundüberzeugungen, die auch argumentativ unüberwindbar sind. Oder Gruppeninteressen lassen allenfalls einen Kompromiss, aber keinen Konsens aufgrund gemeinsamer Überzeugung zu. Häufig sind auch die Probleme zu komplex, um angesichts von Entscheidungszwängen ausargumentiert zu werden. Vor allem aber fehlt es im Kampf um politische Macht, z. B. zwischen Regierung und (parlamentarischer oder außerparlamentarischer) Opposition, vielfach am Willen verständigungsorientiert zu argumentieren.

Bei verständigungsorientierter Grundhaltung bietet Argumentieren die Chance, ausgehend von anfänglichem Dissens einen Konsens mit dem Gegenüber zu erreichen. Bei kompetitivem Pro- und Kontra-Argumentieren ohne Verständigungswillen geht es dagegen nicht um die Beseitigung, sondern um die Betonung von Dissens zwischen den Argumentierenden – durchweg gleichzeitig in der Absicht, Übereinstimmung mit den eigenen Anhängern herzustellen.

Die Standardsprache offenbart, dass im gesellschaftlich-kulturellen Bewusstsein das kompetitive Modell von Argumentation nicht nur für den Bereich der Politik dominiert. Lakoff/Johnson (1980, 4 f.) haben herausgefunden: Wenn in der Allgemeinsprache über Argumentation gesprochen wird, so geschieht dies durchweg in Begriffen, die aus den Bereichen Kampf und Krieg stammen:

„ARGUMENT IS WAR:
Your claims are *indefensible*.
He *attacked every weak point* in my argument.

His criticisme were *right on target.*
I *demolished* his argument.
I've never *won* an argument with him.
You disagree? Okey, *shoot!*
If you use this *strategy,* he'll *wipe out you.*
He *shot down* all of my arguments."

Im Deutschen ist es nicht anders.

Politische Reden, Texte und Interaktionsformate bestätigen, vor allem soweit sie vor der Öffentlichkeit stattfinden, die Vorstellung von der Dominanz kompetitiven Argumentierens. Allerdings gibt es – meist im Rahmen nicht-öffentlicher Interaktionsformate – auch tendenziell verständigungsorientiertes Argumentieren.

Mit dem Gegensatz zwischen kompetitivem und verständigungsorientiertem Argumentieren korrespondieren in der Argumentationstheorie zwei konträre Richtungen: die deskriptive und die präskriptive. Die Vertreter der deskriptiven Argumentationstheorie halten sich an die Empirie. Drastisch formuliert Wolfgang Klein (1980, 49) diese Position: „Mir geht es nicht darum, was rationale, vernünftige oder richtige Argumentation ist, sondern darum, wie die Leute, dumm wie sie sind, tatsächlich argumentieren."

Die präskriptive Richtung orientiert sich am Habermasschen Ideal des verständigungsorientierten Argumentierens. Weil die kommunikative Realität dem Ideal nicht oder nur selten entspricht, reagieren Vertreter des präskriptiv ausgerichteten Argumentationsbegriffs darauf mit Mängellisten, in denen Typen des Verstoßes gegen das Ideal zusammengestellt sind (z. B. Kindt 2000,

324) oder mit Regel-Listen für korrektes Argumentieren (van Eemeren et alii 2002, 182 f.).

Entsprechend der empirisch-analytischen Orientierung dominiert in diesem Band der deskriptive Blick sowohl auf verständigungsorientiertes als auch auf kompetitives Argumentieren.

4.1.2 Komplexität und Vielfalt

Argumentation ist eine in mehreren Hinsichten komplexe Sprachhandlung. Selbst die kompakteste sprachliche Form – Komposita wie *Rettungsgasse* (*Rettung* ist das Argument dafür, eine *Gasse* zu bilden) – besteht aus zwei Teilen. Betrachtet man die semantisch-logische Basisstruktur, wie sie sich in den Beispielsätzen 1–3 zeigt, handelt es sich im Kern um drei Teile (,Konstituenten'). Meist bleibt es in politischer Kommunikation allerdings nicht bei einem Argument. Normalfall ist, eine Position mit mehreren Argumenten zu stützen. Diese können – sämtlich oder partiell – additiv nebeneinander stehen oder als Argumentationshierarchie aufeinander aufbauen. Noch komplexer wird es bei Pro- und Kontra-Argumentation. Da lassen sich die Beziehungen der Argumente zueinander vielfach nicht mehr linear darstellen, sondern als Netzstruktur (vgl. Grewendorf 1980, 140).

Argumentieren ist nicht an eine bestimmte sprachstrukturelle Ebene gebunden. Die Begründung politischen Handelns in den Minimalformen Kompositum und Einzelsatz fungiert meist als Teil oder Konzentrat ausgedehnterer sprachlicher Einheiten. Das sind – in aufsteigender Folge: Mehrsatz-Sequenzen, Texte, Reden, Debatten- und Diskussionsformate, Kampagnen und Diskurse. Sie alle fungieren als mögliche Realisierungsformen von Argumentation.

Auf *Satzebene* finden sich zahlreiche grammatische Mittel, die signalisieren, dass hier argumentiert wird (oder auch erklärt wird, vgl. Klein 1987, 224–237). Als solche fungieren insbesondere die – in Grammatiken meist als ‚kausal', ‚final' oder ‚konsekutiv' bezeichneten – Präpositionen wie *aufgrund, wegen, zwecks,* Konjunktionen wie *weil, damit, um ... zu, so dass,* satzverbindende Konjunktionen und Konjunktionaladverbien wie *denn, also, daher, deshalb, darum, infolgedessen* etc.

Auf *Textebene* bieten Nominalphrasen wie *(folgende) Gründe/Ursachen/Prinzipien/Grundsätze/Argumente/Bedingungen/Folgerungen/* etc. die Möglichkeit, nicht nur einzelne Satzteile oder Sätze, sondern längere Textsequenzen in ihrer argumentativen Funktion zu kennzeichnen.

Allerdings fehlen lexikalisch-grammatischen Signale („Indikatoren") häufig. Die Emittenten vertrauen dann der Fähigkeit von Adressaten, aufgrund von Wissensbeständen, von kognitiven, emotionalen und normativen Orientierungen u./o. aus dem Kontext den argumentativen Sinn auch ohne explizite sprachliche Indikatoren zu erkennen. (Beipiel: *Die Steuern müssen rauf. Es herrscht Ebbe im Haushalt.*)

Im umfassendsten von Sprache dominierten Komplex, dem *Diskurs,* ist Argumentation prägend. Da ein Diskurs Textsorten, Redetypen und Medienformate unbestimmter Art und Zahl unter einem Thema integriert, enthält er im Detail die gesamte Palette der In-

4 Politische Rhetorik als sprachliches Handeln

dikatoren der Satz- und der Textebene. Ähnliches gilt für *Kampagnen*. Die argumentative Hauptstruktur von Diskursen und Kampagnen manifestiert sich jedoch in diskursprägenden Schlüsselwörtern, Begriffsnetzen u./o. salienten Sätzen (s. Kap. 4.5 und 4.6.).

Argumentation und ihre Teilschritte entfalten sich in einer *Vielzahl von Sprachhandlungen*. Unterschieden werden – bei etlichen Überlagerungen und schwieriger Abgrenzbarkeit: *argumentieren, begründen, rechtfertigen, beweisen, stützen, (schluss)folgern, schließen, widerlegen, hinterfragen, …*

Dazu kommen als mögliche Teilhandlungen innerhalb von Argumentationen:

- als Ausdruck epistemischer (= wissensbezogener) und emotionaler Einstellungen von Emittenten zum thematisierten Sachverhalt (linguistischer Terminus: „propositionaler Gehalt"): *behaupten, feststellen, prognostizieren, klar stellen, erwägen, mutmaßen, fragen, bezweifeln, problematisieren, verneinen; bewerten als, (sich) bekennen, bedauern, beklagen, …*
- als positive Reaktionen auf die Position der Gegenseite: *zustimmen, beipflichten, akzeptieren, begrüßen, würdigen, loben, sich korrigieren …*
- als negative Reaktionen auf die Position der Gegenseite: *ablehnen, widersprechen, kritisieren, einwenden, …*
- als Mischung aus positiver und negativer Reaktion: *konzedieren (einräumen, zugestehen)*
- als Einwirkungsversuche auf die Gegenseite: *appellieren, vorschlagen, fordern, erbitten, beschwören, empfehlen, (ab)raten, mahnen, warnen, …*

Als umfangreichere, gelegentlich ziemlich selbständige Teile innerhalb von Argumentationen fungieren *berichten, darstellen, erläutern, erklären, ...*
Die aufgeführten Sprachhandlungen finden sich in verständigungsorientierten Argumentationen ebenso wie in kompetitiven und in ambivalenten.
Typisch für kompetitives, Dissens betonendes Argumentieren sind *attackieren, vorwerfen, tadeln, beschuldigen*. Darin steckt neben einer Kritik auf der Sachebene eine emotionale Negativ-Einstellung zum Gegenüber.
Die genannten Sprachhandlungen fungieren nicht nur als Teile einer Argumentation, sondern fordern vielfach zu weiterem Argumentieren etwa in Form von Kontra-Argumentation oder ergänzender Argumentation heraus.
Werden Äußerungen als *beschimpfen, diffamieren, diskreditieren, herabwürdigen, verhöhnen, verteufeln* o. Ä. wahrgenommen, so lassen sie sich nur schwerlich einer Argumentation, auch einer kompetitiven, zuordnen. Denn da dominiert der negativ-emotionale Personen- oder Gruppenbezug so sehr, dass der Sachbezug auf strittige Handlungskonzepte zur Nebensache wird.
Für die Mischung aus positiver und negativer Reaktion auf die Argumentation der Gegenseite hat die Sprache eine eigene semantisch-grammatische Kategorie ausgebildet, die *Konzessivität*. Sie ermöglicht Kontra-Argumentation im Verzicht auf Kompetitivität. Konzessives Argumentieren folgt dem Schema

Obwohl X, plädiere ich für Y; denn Z.

Per Verwendung von Konzessiv-Indikatoren wie *obwohl* kann man der Gegenseite das Zugeständnis machen, dass ihr Argument X bedenkenswert ist, ja sogar nahe liegt, dass man aber *dennoch* angesichts des relevanteren Arguments Z die eigene Position Y für stichhaltiger hält. (Vgl. Rezat 2007)

4.1.3 Topik: Argumenttypen einzeln und im Verbund

Argumente richten sich jeweils spezifisch auf eine bestimmte potentiell oder tatsächlich strittige Position. Doch es gehört zur Alltagserfahrung, dass Argumente unter bestimmten Aspekten verwandt sein können. Für einen solchen Aspekt, unter dem sich Argumente einzelfallübergreifend als ein Argumente-*Typ* zusammenfassen lassen, verwendet die Rhetorik die auf Aristoteles zurückgehende Bezeichnung „Topos" (Plural: „Topoi"), deutsch: „Ort". (Zugrunde liegt die Vorstellung von mentalen Orten, an denen man bei der Redeplanung Schemata zur Bildung wirksamer Argumente findet, vgl. Ostheeren 2009, 633). Dient bspw. der Hinweis auf Konsequenzen als Argument für oder gegen eine Position – z. B. *Scheitert der Euro, scheitert Europa* als Argument für die Euro-Rettungspolitik – so handelt es sich um den Konsequenztopos.

Seit ihren antiken Anfängen hat die traditionelle Rhetorik die Topik primär auf Argumentation zur Stützung von Behauptungen bezogen. Wer bspw. aus einer Definition auf die Wahrheit einer These schließt, realisiert den Definitionstopos, und wer zur Begründung einer Behauptung einen Vergleich oder eine Analogie bemüht, den Vergleichs- oder den Analogie-Topos. Je nachdem wie hoch man den Abstraktionsgrad bei der Typenbildung ansetzt, ergeben sich in dieser Tradition Toposkataloge von ca. 20–ca. 60 Topoi, (vgl. Aristoteles 2002, Buch II Kap. 23 u. 24, Perelman und Olbrechts-Tyteca 1958, Kienpointner 1992, Wengeler 2003.)

In politischer Kommunikation ist jedoch das Rechtfertigen von *Handlungen* meist wichtiger als das Stützen von Wahrheitsansprüchen für Thesen und Behauptungen. Darum liegt dort der Schwerpunkt dieses Kapitels.

Zwar dienen einige der überkommenen Topoi, insbesondere der Konsequenztopos, primär der Rechtfertigung von Handlungen (vgl. Kindt 1994, 474–476). Doch ein systematischer Blick auf handlungsbezogene Argumentation ergibt sich erst auf der Basis der Handlungstheorie des 20. Jahrhunderts. Für das Rechtfertigen politischen Handelns ist *Austins Handlungskonzept* einschlägig. Er fokussiert Handeln nicht als bloßes Moment des Ausführens, sondern als „complicated internal machinery" mit den wesentlichen Bestandteilen Wahrnehmen von Situationsdaten („receipt of intelligence"), Bewertung der Situation („appreciation of the situation"), Berufung auf Prinzipien („invocation of principles"), zielorientierte Planung („planning") sowie Kontrolle der Ausführung („control of execution") (vgl. Austin 1956/1957, 5 u. 27, Ferguson 1977, 60–63). Die zentrale Bedeutung dieser Aspekte für den Handlungsbegriff ermittelt Austin in einer Analyse des Entschuldigens für misslungenes Handeln. Untersucht man die (mit Entschuldigungen eng verwandten) Rechtfertigungen für Handlungen, so stößt man zumindest in der Politik darauf, dass es ebendiese Aspekte sind, durch die politisches Handeln immer wieder argumentativ gestützt oder in Frage gestellt wird. Das bedeutet: Die von Austin entdeckten wesentlichen Aspekte des Handeln generieren spezifische Topoi:

Im *Datentopos* werden charakteristische Daten der Ausgangssituation aufgeführt.

Im *Valuationstopos* werden diese Daten bewertet.

Im *Prinzipientopos* werden Prinzipien, Normen und Werte zur Fundierung des Handelns markiert.

Im *Finaltopos* wird die Handlungsplanung auf die Zielsetzung ausrichtet.

Im *Topos der Ausführungskompetenz* wird die Qualität der Handlungsausführung und -kontrolle thematisiert und bewertet.

Wer Argumente nach diesen Topoi bildet, prätendiert als *Schlussfolgerung,* das jeweilige politische Handeln sei gerechtfertigt oder zumindest vertretbar.

Kürzere Texte und die für sie typischen Gattungen wie Diskussionsbeitrag, Antragsbegründung, Statement, Wahlspot, Kommentar, beschränken sich meist auf Argumente aus einem oder wenigen Topoi. Das gilt auch für mediale Textsorten wie Bericht und Kommentar, wo oft nur die Ziele des politischen Handelns (Finaltopos) als Argument angeführt werden (vgl. Kuhlmann 1999, 286 f.). Es gilt mehr noch für das im Umfang extrem begrenzte Format Tweet.

In längeren Texten und Reden, in Debatten und Diskursen, in denen es um das Legitimieren politisches Handelns geht, treten die Topoi, die Austins ‚internal machinery' des Handelns entsprechen, jedoch durchweg als *Ensemble* auf. Vor allem *Datentopos, Valuationstopos, Prinzipientopos und Finaltopos* bilden ein *komplexes topisches Muster* (s. Kap. 4.4, 4.5, 4.6). In logischer Hinsicht bedeutet das: Die Argumente, die nach den Topoi des Musters gebildet sind, fungieren als *Prämissenkonstellation, aus der sich die Richtigkeit bzw. Legitimität des politischen Handelns als Konklusion ergibt.* Die Entdeckung des komplexen topischen Musters bedeutet einen *Paradigmenwechsel,* insofern die traditionelle Toposforschung ausschließlich die einzelnen Topoi und niemals mehrgliedrige Topoi-Konstellationen thematisiert hat.

4.1.4 Topik des Kontra-Argumentierens

Wenn es – wie meist – um Pro und Kontra zu politischem Handeln geht, erfolgen Widerspruch und Kontra-Argumentation vor allem in zwei Stoßrichtungen:

(1) gegen die Vorhaben und Maßnahmen des politischen Gegners (Handlungsdimension)
(2) gegen das Kommunikationsverhalten des politischen Gegners (Kommunikationsdimension)

In der Toposforschung ist die aristotelische Auffassung, dass aus einem Topos sowohl Pro- als auch Kontra-Argumente gewonnen werden können (Aristoteles 2002, Buch 2, Kap. 25, 1402a), weitgehend ungeprüft übernommen worden. Für die Topik der politischen Kommunikation trifft das zwar überwiegend, aber keineswegs ausnahmslos zu. Für die Ausnahmen gibt es jeweils charakteristische Gründe.

Zu (1) Topik des Kontra-Argumentierens in der *Handlungsdimension:*
Beim Finden von Gründen für Widerspruch gegen geplantes, aktuelles oder abgeschlossenes politisches Handeln bedienen sich Akteure überwiegend der gleichen Topoi wie beim Pro-Argumentieren. Es sind im Wesentlichen die oben erläuterten, aus der Austinschen Handlungstheorie abgeleiteten Topoi sowie der schon bei Aristoteles thematisierte Konsequenztopos. Allerdings gibt es zwei bemerkenswerte Unterschiede: (1) Der *Topos der Ausführungskompetenz* kommt in Pro-Argumen-

tationen nur selten vor. Denn die eigene Ausführungskompetenz wird von politischen Akteuren quasi als Selbstverständlichkeit unterstellt und daher nur selten explizit als Rechtfertigungsgrund für das Handeln angeführt. Anders verhält es sich beim Kontra-Argumentieren. Da bildet das Beklagen mangelnder Qualität bei der Ausführung politischen Handelns vielfach den Haupttopos beim Attackieren des politischen Gegners, vor allem wenn dieser regiert. (2) Die Topoi der Gegenargumentation generieren eine Vielzahl von Subkategorien.

Einen Überblick über die Kontra-Topoi in der Handlungsdimension und ihre wichtigsten Subkategorien ergibt eine Auswertung von Oppositionsreden in der Generaldebatte des Deutschen Bundestages am 16. Mai 2018 zum Kanzlerhaushalt (Tab. 4.1.4).

Zu (2): Topik der Kontra-Argumentation in der *Kommunikationsdimension*
Widerspruch in der Kommunikationsdimension betrifft vor allem Verstöße gegen die Grundnormen kommunikativer Rationalität, sich wahrhaftig, sachlich und normativ wohlbegründet, zum Wesentlichen sowie informativ und klar zu äußern (vgl. Kap. 3.1. und 5). Auch hier existiert ein charakteristischer Unterschied zwischen Pro- und Kontra-Argumentation: Wer zugunsten des favorisierten politischen Handelns argumentiert, *prätendiert,* die grundlegenden Kommunikationspostulate zu erfüllen. Der jeweilige Geltungsanspruch bleibt daher, solange er nicht von Gegenüber infrage gestellt wird, durchweg *implizit* (vgl. Habermas 1973, 221).

Demgegenüber wird in der Gegenargumentation

4 Politische Rhetorik als sprachliches Handeln

Tab. 4.1.4 Topik der Kontra-Argumente in der Handlungsdimension

Topoi der Kontra-Argumentation	Subkategorien der Kontra-Argumentation
AUSFÜHRUNGS-KOMPETENZ	• nicht sachgerecht • chaotisch • nicht sorgsam • nicht eindeutig • unseriös • nicht innovativ • unentschlossen • verzögernd • Nicht-Handeln
DATENTOPOS	• Daten nicht zur Kenntnis genommen • Daten verborgen gehalten • zu ergänzende neueste Daten
VALUATIONSTOPOS	• ignorierte Bedrohlichkeit • Zustände besorgniserregend • ungenügend genutzte Positivdaten
PRINZIPIENTOPOS	• Gerechtigkeit missachtet • Sozialer Zusammenhalt gefährdet • Staatliche Souveränität verraten
FINALTOPOS	• Unzweckmäßigkeit • Falsche Priorität • keine Vision
KONSEQUENZTOPOS	• üble Fernwirkung zu erwarten • Eingetretener Schaden • Unwirksamkeit

meist *explizit* spezifiziert, auf welchen Verstoß gegen grundlegende Kommunikationsgebote sich der Widerspruch bezieht. Die Typen des Verstoßes gegen diese Grundnormen kommunikativer Rationalität fungieren in der Kontra-Argumentation daher als Topoi im ursprünglichen Sinne des Terminus: als Fundstellen für Gründe – für Gründe zur Ablehnung der von der Gegenseite vertretenen Position.

So ergibt sich folgendes Tableau der kommunikationsbezogenen Topoi der Kontra-Argumentation:

- *Topos der sachlichen Unrichtigkeit* – z. B. in Form des Vorwurfs der unzulässigen Pauschalisierung von Einzelbeispielen,
- *Topos der normativen Unrichtigkeit* – z. B. in Form der Vorhaltung, die als gerecht propagierte Maßnahme x habe mit Gerechtigkeit nichts zu tun
- *Topos der Unwahrhaftigkeit* – z. B. in Form der Beschuldigung zu lügen (Fake-News-Vorwurf),
- *Topos der Irrelevanz* – z. B. in Form des Vorwurfs auszuweichen und vom entscheidenden Punkt abzulenken
- *Topos der defizitären Informativität* – z. B. in Form des Vorwurfs der Intransparenz
- *Topos der Unklarheit* – z. B. in Form von Kritik wegen mehrdeutiger Äußerungen.

Jeder dieser Topoi weist verschiedene Ausprägungen auf. Bei Bedarf an Spezifizierung lässt sich dieser Sachverhalt methodisch nutzen, um solche Ausprägungen als Subklassen des jeweiligen Topos zu behandeln. So lässt sich der ‚*Topos der sachlichen Unrichtigkeit*' spezifizieren in die Sub-Topoi des logischen Fehlers, der Faktenwidrigkeit, der unangemessenen Konzeptualisierung, etc.

4.1.5 Personentopik

Nicht nur über politisches Handeln wird gestritten und argumentiert, sondern auch über die handelnden Personen(gruppen). Meist betrifft das auch hier die Handlungs- und die Kommunikationsdimension: Personen(gruppen) werden gelobt oder kritisiert wegen der von ihnen vertretenen oder zu verantwortenden Handlungen *(Taten-Topos)* oder wegen ihres kommunikativen Verhaltens *(Kommunikations-Topos)*. (In der von Cicero begründeten rhetorischen Tradition der Personentopoi *(loci a persona)* entsprechen dem die Topoi der *facta* und der *orationes,* vgl. Ostheeren 2009, 615).

Personentopoi können durchweg sowohl abwertend wie aufwertend verwendet werden. So wird z. B. im Vorwurf an politisch Verantwortliche, unüberlegt gehandelt zu haben, der Taten-Topos ebenso mobilisiert wie in der Anerkennung, mit den getroffenen Maßnahmen Gefahr abgewendet zu haben. Und unter den Kommunikations-Topos fällt ebenso z. B. ein Lob für Transparenz wie der Tadel für Verstöße gegen die Grundnormen kommunikativer Rationalität.

Während unter den Vorzeichen von Alleinherrschaft Personentopik primär zum Herrscherlob genutzt wird, fungiert sie unter pluralistischen, durch Meinungsstreit und kritische Medien geprägten demokratischen Bedingungen vor allem als Reservoir für Abwertung von Personen.

Zwischen Parteien, die im Rahmen demokratischen Wettbewerbs untereinander einen zivilisierten Umgang pflegen, beschränkt sich abwertende Personentopik im Wesentlichen auf den *Taten-* und den *Kommunikations-Topos*. In Wahlkämpfen, die stark personalisiert sind, z. B. in den USA, spielt der *Charakter-Topos* eine wichtige Rolle. Da geht es – entsprechend dem sozio-kulturellen Kontext – z. B. um eheliche Treue, um Geschäftsgebaren o. Ä.

Die rhetorische Tradition kennt darüber hinaus etliche Personentopoi, die auf persönliche Eigenschaften und Sachverhalte jenseits der Politik Bezug nehmen. Dazu gehören z. B. der *Herkunft-Topos,* der *Nation-Topos,* der *Bildungs-Topos* und der *Beruf-Topos*. Sie weisen enge Verbindungen zu Vorurteilen und Stereotypen auf (vgl. Pümpel-Mader 2010). Innerhalb demokratischer politischer Institutionen werden sie selten eingesetzt. Daher findet ihr Gebrauch, vor allem wenn Spitzenpolitiker involviert sind, breite öffentliche Beachtung und Kritik. So geschah es etwa,

- als Bundeskanzler Adenauer (CDU) im Bundestagswahlkampf 1961 den *Herkunft-Topos* bemühte, um seinen SPD-Herausforderer Brandt durch Hinweis auf dessen uneheliche Geburt abzuwerten (vgl. http://www.spiegel.de/spiegel/print/d-43365664.html).
- als Donald Trump 2011 den *Nation-Topos* nutzte, indem er die US-Staatsbürgerschaft von Präsident Obama so resonanzstark in Zweifel zog, dass der sich ge-

nötigt sah, seine Geburtsurkunde zu veröffentlichen (vgl. https://www.welt.de/politik/ausland/article13282 925/Trump-spinnt-die-naechste-Verschwoerungstheo rie.html).
- als der Herausgeber des „Handelsblatts" Gabor Steingart in einem pamphletartigen Artikel seiner Zeitung den *Bildungs-Topos* einsetzte, um die Eignung von Martin Schulz (SPD) für das Amt des deutschen Bundeskanzlers zu bestreiten. Schulz würde „ein Regierungschef ohne Abitur" sein, dem es – anders als der „promovierten Physikerin Merkel" – möglicherweise an einer „Dachstube mit Innenausbau" mangele (Handelsblatt, 28.11.2016, S. 1).

Der *Berufs-Topos* erfährt häufige Verwendung in der Charakterisierung der Bundeskanzlerin Merkel (CDU) als Physikerin, vor allem indem das Klischee ihrer angeblich berufstypischen Nüchternheit und Rationalität bemüht wird.

In nicht-öffentlicher Kommunikation jenseits der politischen Institutionen ist Personentopik, vor allem auch in enger Verbindung mit Negativ-Stereotypen, nie verschwunden. Mit dem Aufkommen populistischer Kräfte, die ‚politisch unkorrektes' Reden zu ihrem Markenzeichen machen, dringt diese Art der Personentopik z.B. mit Bezug auf Migranten auch stärker in die öffentliche Kommunikation ein.

Personentopoi werden sowohl zum Lob als auch zum Tadel vielfach kombiniert. Doch anders als in der Handlungstopik ist ein festes topisches Muster dabei nicht zu erkennen.

4.2 Begriffe

4.2.1 Wörter als Macht: Die Konstitutionsfunktion der Begriffe

Sprache ist eine mächtige Lenkerin, die Denken, Empfinden und Werten in einer Weise vorprägt, von der man sich oft nur durch Erfahrung oder erhebliche geistige Anstrengung befreien kann. Politische Akteure versuchen dieser Lenkerin in die Zügel zu greifen und umzusteuern. Das gilt vor allem für Wörter als den elementaren Einheiten der Bedeutungsbildung. Unter den Wörtern sind für die politische Rhetorik Begriffe prioritär. Unter dem Terminus ‚Begriff' werden Nomina, Verben und Adjektive, auch feste Wortverbindungen wie *Erneuerbare Energien* zusammengefasst. Die Funktionsklassen (Pronomina, Artikel, Präpositionen, Partikel, Konjunktionen) gehören nicht dazu. In der Politik verwendete Begriffe entstammen im Wesentlichen dem Institutionsvokabular *(Parlament, Volksbegehren, ...)*, dem Ideologievokabular *(Freiheit, sozialistisch, ...)*, dem Ressortvokabular *(Finanztransaktionssteuer, Agrarsubventionen, ...)* und dem allgemeinsprachlichen Interaktionsvokabular *(zustimmen, Krise, ...)*.

‚Auf den Begriff bringen' (fachsprachlich: ‚konzeptualisieren') bedeutet, Ausschnitte aus der Vielfalt der Erscheinungen in einer Weise zu ordnen und in einem sprachlichen Zeichen so festzuhalten, dass dieses als Schema zur Verarbeitung künftiger Erfahrungen zur Verfügung steht. In Begriffen konstituiert sich mental die Welt. Exemplarisch lässt sich das am Begriff *Glo-*

balisierung zeigen. Seit Jahrhunderten gibt es weltweite Wirtschafts-, Verkehrs- und Kommunikationsprozesse. Aber es gab nie eine zusammenfassende Bezeichnung. Mit ihrer Vervielfachung und Beschleunigung im ausgehenden 20. Jahrhunderts wird das anders. Zunächst fungiert *Globalisierung* als ökonomischer Fachterminus zur Bezeichnung einer Alternative zur traditionellen Ausrichtung der Wirtschaftswissenschaft auf nationale Ökonomien. Bald saugt die Vokabel neue Entwicklungen (Entstehung eines nie dagewesenen transnationalen Arbeitsmarkts nach Auflösung des Ostblocks, neue Kommunikationstechnologien: Internet und Mobiltelefon, Siegeszug der Container-Schifffahrt etc.) auf und wird in den 90er Jahren zum politischen Schlagwort. Dessen Leistung besteht im Begreifen unterschiedlicher Entwicklungen als *ein* Phänomen und im Zerreißen von Illusionen nationalen Kirchturmdenkens.

Oft wird übersehen, was Begriffe ausblenden. So wurde bis zu Beginn der Finanzkrise 2007/2008 der Anteil politischen Handelns an der *Globalisierung* (Liberalisierung des Welthandels und internationaler Finanzgeschäfte) in der Öffentlichkeit kaum zur Kenntnis genommen. *Die Globalisierung* ist ein Wort ohne Plural (‚Kollektiv-Singular'). Es klingt wie eine mythische Macht. Das verstellt leicht den Blick auf die Möglichkeit politischer Gestaltung, etwa bei Kapitalverkehr oder sozialen Standards.

Schlagwort und Schlagwortnetze:
Unter rhetorischem Aspekt ist vor allem die Verwendung von Begriffen als *politische Schlagwörter* von Be-

deutung. Sie zielen auf öffentliche Beachtung im Interesse der Eroberung von Deutungshoheit. Kennzeichen des Gebrauchs von Begriffen als Schlagwörter sind

- emotionale u./o. normative Ladung und Parteinahme
- Appellcharakter
- thematische Aktualität u./o. Relevanz
- griffige Vokabel oder Wortkomposition,
- herausgehobene Platzierung ('Salienz') in Überschriften, Ankündigungen, Slogans, Zitaten, in Reden an applausträchtigen Stellen, in Texten als Fettdruck, in Twitter als Hashtag u. Ä.
- häufiges Vorkommen.

Politische Begriffe gewinnen ihren Stellenwert überwiegend im Verbund mit anderen. Als Glieder von Begriffs- bzw. Schlagwortnetzen bilden sie die verbalen Kristallisationspunkte von Ideologien, Diskursen und Kampagnen. Begriffe wie *Globalisierung*, die wichtige Phänomene in ihrer Relevanz überhaupt erst erkennen lassen, können politische Diskurse auslösen oder prägen. In der Dynamik des Diskurses entwickelt sich mit dem auslösenden Begriff ein Netz von Begriffen, in dem sich dominierende Sicht, emotionales Involvement u./o. normative Orientierung zumindest eines Großteils der Diskursbeteiligten manifestieren. Führt die bloße Nennung eines Begriffs ins Zentrum des Diskurses oder symbolisiert ihn, so spricht man von einem ‚*Schlüsselwort*' oder ‚*-begriff*'.

Diskursprägende Begriffsnetze bilden keine unstrukturierte Schlagwortmenge. Meist folgen sie sozio-kognitiven Ordnungen, die sich als ‚Frames' abbilden lassen (vgl. Ziem 2008, Busse 2012, Klein 2014, 309–324). Stehen politische Handlungsforderungen im Mittelpunkt, so ist diese Ordnung durchweg durch das in Kap. 4.1.3. erläuterte komplexe topische Muster argumentationslogisch bestimmt. Um in Diskursen Durchschlagskraft zu gewinnen, müssen Argumente auf Kurzform, möglichst auf Begriffe, gebracht werden. Das Begriffsnetz bildet die Argumentationsstruktur ab.

So nahm der marktliberale *Reform*-Diskurs Mitte der 1990er Jahre seinen Ausgangspunkt bei den zu Schlagwörtern gewordenen Begriffen *Globalisierung* und *(Wirtschafts-)Standort Deutschland.* Belegbar durch eine Unzahl von Artikeln in großen deutschen Tageszeitungen, politischen Wochenmagazinen und der Wirtschaftspresse, in Texten von FDP und CDU, sowie in Texten von Wirtschaftsverbänden und wirtschaftsnahen Organisationen wie der „Initiative Neue Soziale Marktwirtschaft" wurde als Reaktion auf ökonomische Schwächeerscheinungen in den ersten Jahren nach der Wiedervereinigung ein Begriffsnetz generiert und medial propagiert, das – neben wenigen neutral verwendeten Begriffen im Datentopos – etliche Positiv-Begriffe (+) für die eigene Position und einige Negativ-Begriffe (-) für Abgelehntes enthält (s. Abbildung 4.2.1.). Die politische und mediale Unterstützung – und damit die Diskursdominanz – ebbte mit der Weltfinanzkrise 2007/2008 ab.

Vagheit, Mehrdeutigkeit:
In etlichen Begriffen dieses Netzes, z. B. *Freiheit, Eigenverantwortung, Flexibilisierung, Deregulierung, schlanker*

Abb. 4.2.1 Wirtschaftsliberales Schlagwortnetz *Reform*

Begriffe in topischer Argumentfunktion:
DATENTOPOS: *die Globalisierung, x Millionen Arbeitslose, (der deutsche) Sozialstaat*
VALUATIONSTOPOS: *Chancen der Globalisierung* (+), *Massenarbeitslosigkeit* (–), *Überregulierung* (–), *Abgabenstaat* (–), *Versorgungsstaat* (–), *Sozialhilfebetrug* (–)
PRINZIPIENTOPOS: *Freiheit* (+), *Eigenverantwortung* (+), *Wettbewerb* (+)
FINALTOPOS: *Wettbewerbsfähigkeit* (+), *(Sicherung des) Standort(s) Deutschland* (+), *(mehr) Arbeitsplätze* (+)
Begriffe in Konklusionsfunktion:
HANDLUNGSKONSEQUENZEN: *Reformen* (+): *Flexibilisierung* (+), *Deregulierung* (+), *Privatisierung* (+), *Steuererleichterungen* (+), *Senkung der Lohnnebenkosten* (+), *schlanker Staat* (+)

Staat, Reformen zeigt sich, wenn man ihre auf keinen bestimmten Kontext begrenzte lexikalische Bedeutung betrachtet, eine für politische Rhetorik wichtige Eigenschaft: die partielle Instablität der Bedeutung. Handelt es sich dabei eher um Ungenauigkeit und schwierige Abgrenzbarkeit der Bedeutung des Begriffs, spricht die Linguistik von „Vagheit", weist er mehr als eine einigermaßen klar abgrenzbare Bedeutung auf, wird das als „Mehrdeutigkeit" oder „Polysemie" bezeichnet.

Es gibt Begriffe, bei denen beides der Fall ist, vor allem wenn man ihre Verwendung zu unterschiedlichen Zeiten einbezieht. Dies ist beim Begriff *Reform* der Fall.

Im Wörterbuch finden wir die kontextabstrakte lexikalische Bedeutung:

Reform: planmäßige Neuordnung, Umgestaltung, Verbesserung des Bestehenden (ohne Bruch mit den wesentlichen geistigen und kulturellen Grundlagen) (Duden: Deutsches Universalwörterbuch 2012)

Diese kontextabstrakte Bedeutungsangabe ist unter dem Aspekt kontextspezifischer Verwendungen, insbesondere im Bereich der Politik, konzeptuell ungesättigt und insofern vage.

Je nach Konkretisierung in der politischen Auseinandersetzung wird der Begriff nicht nur sachbezogen („deskriptiv') spezifischer, sondern es pflegen auch emotionale und normative Kontraste zu entstehen, je nachdem wie die deskriptiven Elemente des konkretisierten *Reform*-Begriffs und die damit bezeichneten Sachverhalte Interessen und Einstellungen berühren. *Reform* mobilisiert entweder Hoffnung oder Furcht – mit normativen Folgen: für die einen geradezu Hochwertbegriff, der ein Muss zum Ausdruck bringt, für die anderen Negativbegriff, der markiert, was nicht sein bzw. kommen darf.

Verteilt auf zeitgeschichtlich unterschiedliche Kontexte waren in der Deutschland zwei deutlich abweichende Begriffe von *Reform* bzw. *Reformen* dominant. In den Anfangsjahren der SPD-FDP-Koalition (1969–ca. 1974) beherrschte der sozial-liberale *Reform*-Begriff die deutsche Öffentlichkeit (*Reformen* 1). Auch ohne das zugehörige Begriffsnetz abzubilden, wird der Unterschied zum wirtschaftsliberalen *Reform*-Begriff der Zeit um 2000 (*Refor-*

men 2) deutlich, wenn man sie im Format von Wörterbuch-Einträgen vergleicht:

- *Reformen* (1): Gesetzgeberische Maßnahmen zur Verbesserung der Situation sozial eher schwacher u./o. rechtlich benachteiligter Gruppen sowie mehr Mitbestimmung und Partizipation in Wirtschaft und Institutionen.
- *Reformen* (2): Gesetzgeberische Maßnahmen zur Stärkung der Wettbewerbsfähigkeit der Wirtschaft, insbesondere durch Senkung der Arbeitskosten und Steuererleichterungen sowie Entlastung der öffentlichen Haushalte und der Sozialversicherungen durch Einschränkung von Sozialleistungen.

Linguistisch handelt es sich um Polysemie. Unter dem Aspekt politischer Rhetorik wird deutlich: An einem politischen Diskurs qualifiziert teilzunehmen zu wollen, setzt voraus, die in ihm wirksamen Begriffe, ihre Funktionen und ihr Verhältnis zueinander zu kennen.

Metaphorik:
In Begriffen, die politisches Denken und Fühlen prägen, manifestieren sich vielfach kognitiv tief verwurzelte, körperlichem Erleben entstammende Vorstellungen. Sie werden als „kognitive Metaphern" oder „metaphorische Konzepte" bezeichnet. Ihr metaphorischer Charakter ist uns vielfach nicht bewusst (vgl. Lakoff/Johnson 1980). Die kognitive Operation besteht darin, Vorstellungen aus dem Bereich des physisch Wahrnehmbaren z. B. ‚oben' und ‚unten' („Herkunftsbereich") per Ana-

logie auf Abstraktes z. B. gesellschaftliche Verhältnisse („Zielbereich") anzuwenden. So prägen die sog. ‚Orientierungmetaphern' OBEN IST ERSTREBENSWERT und UNTEN IST NICHT ERSTREBENSWERT die Begriffe *Oberschicht* und *Unterschicht*.

Kognitive Metaphorik politisch zu nutzen ist eine der wesentlichen Operationen des politischen *Framings*. Framing bedeutet, Sachverhalte so zu formulieren, dass sie sich in favorisierte Deutungsrahmen (Frames) und die damit verbundenen emotionalen und normativen Orientierungen einpassen. (Bezieht sich die Operation ausschließlich auf einzelne Begriffe, wird dies auch als ‚Wording' bezeichnet.)

Metaphorik wird nicht nur genutzt, um Sachverhalte anschaulich zu machen, sondern auch um sie emotional und ethisch aufzuladen und bestimmte Konnotationen zu evozieren. Herkunftsbereiche werden danach ausgesucht, inwieweit sie geeignet sind, entsprechende Aspekte in dem Vordergrund zu schieben (‚highlighting') und andere zu verdecken (‚hiding').

Ein Beispiel: In der Metapher *soziale Hängematte* als Bezeichnung der Lebensumstände arbeitsloser Bezieher von Sozialleistungen ist als Deutungsrahmen der Herkunftsbereich ‚luxuriöses Freizeitleben' gewählt – offenbar, um Sozialhilfeempfänger massiv abzuwerten. Herkunfts- und Zielbereich werden nämlich nicht nur und nicht in erster Linie unter dem Aspekt des bloßen Nicht-Arbeitens analogisiert. Mit dem Begriff *Hängematte* wird vor allem die Suggestion genussvollen Nichtstuns auf das Leben als Empfänger von Sozialtransfers übertragen, um emotionales und moralisches Empörungspotential über

Faulenzer, die es sich auf Kosten der Steuerzahler gut gehen lassen, zu mobilisieren. Mit dieser Unterstellung wird ausgeblendet, ja geradezu in Abrede gestellt, dass Sozialleistungen kein genussvolles Leben ermöglichen und dass Arbeitslos-Sein nicht mit Faulenzen gleichzusetzen ist, sondern meist ein ungewolltes Schicksal bedeutet.

Ein metaphorisches Begriffsnetz *(Metaphernnetz)* liegt vor, wenn mehrere Begriffe eines Herkunftsbereichs eine Zieldomäne konzeptuell prägen. Seit langem hält sich in den deutschsprachigen Ländern ein Metaphernnetz zur Migration, dem die kognitive Metapher ZUWANDERUNG IST STRÖMENDES GEWÄSSER zugrunde liegt. Die Systematik des Metaphernnetzes folgt der Ordnung „eines ‚naturhaften' Verlaufs ... ergänzt durch den Aspekt ‚kultivierender' Regulierungsmaßnahmen" (Böke 2002, 270). Es lässt sich als tabellarische Frame-Darstellung präsentieren mit den Strukturelementen des Frame als ‚Slots' und den metaphorischen Einzelbegriffen des Diskurses als ‚Filler' (siehe Tabelle 4.2.1).

Betont werden die deskriptiven Elemente, die die Analogie zwischen den Bereichen – das sog. ‚tertium comparationis' – begründen:

- große Massen (nicht *Bach* oder *Fluss,* sondern *Strom* und *Flut*),
- unkontrollierte Ausbreitung *(einschleusen, überschwemmen, überfluten, Ausländer-, Migranten-, Flüchtlingsschwemme)*
- trotz Versuch der Regulierung *(Damm, eindämmen, kanalisieren, Schleuse).*

Tab. 4.2.1 Metaphernnetz Zuwanderung (nach Böke 2002, 270)

Slots (Strukturelemente)	Filler (Einzelmetaphern)
ANFANG	*Reservoir, Nachschubquelle*
WEG	*Strom, Zustrom, Flut, Welle, überfluten, überschwemmen*
HINDERNIS/REGULATOR	*Damm, eindämmen, kanalisieren, Schleuse, einschleusen*
ENDE	*Ausländer-, Migranten-, Flüchtlingsschwemme*

Die implizite, Einzelbegriff-übergreifende normative Botschaft ist: Einhalt gebieten! Evoziert wird ein Emotionenspektrum, das von Sorge bis Angst reicht (vgl. Becker 2016). Verstärkt wird das durch die Konnotation der Unaufhaltsamkeit, Nicht-Fassbarkeit, Ubiquität und – angesichts von *Nachschubquellen* – Unabsehbarkeit nachfließenden Wassers. Ausgeblendet bleibt die prinzipielle Differenz zwischen dem physikalischen Phänomen Wasser und den Spezifika der Sphäre des Menschen wie Individualität und Menschenrechte.

Metaphorik kann historische Umprägungen im Verständnis ganzer Lebensbereiche beinhalten. So wird Politik seit dem *fortschritts*gläubigen Zeitalter der Aufklärung vielfach in Weg-Metaphern konzeptualisiert: *Aufbruch, Bewegung, Fortschritt, große* und *kleine Schritte, Stillstand, Rückschritt, Hindernis, Blockade, Station, Ziel, Irrweg, Dritter Weg* etc.

Bipolarität: Aufwerten/Abwerten:
Zu den Vorgaben der Sprache für Denken und Fühlen gehört der Hang zu Gegensatzpaaren: *richtig – falsch, Wahrheit – Lüge, positiv – negativ, Freiheit – Unfreiheit.* Statt auf Abstufungen lenkt Sprache die Wahrnehmung primär auf Kontraste. In der politischen Rhetorik lässt sich das leicht nutzen. Es fördert Deutlichkeit, aber auch Polarisierung und erschwert den Blick für Differenzierung und den Wert des Kompromisses.

Politische Rhetorik ist über weite Strecken *Konfliktkommunikation,* geprägt vom *Aufwerten* eigener und *Abwerten* konkurrierender Positionen. Im politischen Wortschatz schlägt sich das nieder in einer Vielzahl von *Positiv-* und *Negativ-Begriffen,* häufig in der Verwendung als Schlagwörter. In Positiv-Begriffen – gelegentlich auch als ‚Affirmationswörter' bezeichnet (Niehr 2014, 73) – wird das, was mit dem Begriff bezeichnet wird, gleichzeitig positiv bewertet, in Negativ-Begriffen gleichzeitig negativ. Begriffe aus dem Wertekanon einer Gesellschaft, z. B. *Menschenrechte,* gelten als besonders gewichtige Positiv-Begriffe. Sie werden auch als ‚Miranda', ‚Hochwertwörter' oder ‚Symbolwörter' bezeichnet. Negativ-Begriffe höchster Stufe, z. B. *Terrorismus* sind ‚Antimiranda' oder ‚Unwertwörter'. Positiv-Begriffe, die eine Gruppierung ganz für sich in Anspruch nimmt, fungieren als ihre ‚Fahnenwörter', Negativ-Begriffe, mit denen eine Gruppierung identifiziert und gleichzeitig abgewertet werden soll, sind ‚Stigmawörter' (vgl Hermanns 1982, 91 f.). ‚Reizwörter' sind Begriffe, die Empörung provozieren (sollen), z. B. die sarkastische Bezeichnung *Asyltourismus* für die Praxis von Migranten, trotz Beantragung von Asyl in einem bestimmten EU-Staat in einen beliebigen anderen EU-Staat weiterzureisen, ein Begriff, der in bayerischen Landtagswahlkampf 2018 eine Rolle spielte.

Als Reizwörter können auch ‚Euphemismen' und ‚Dysphemismen' fungieren. Empfinden Rezipienten die Begriffswahl für einen von ihnen kritisch gesehenen Sachverhalt als ungerechtfertigt aufwertend oder verharmlosend, so handelt es sich aus ihrer Sicht um einen ‚Euphemismus' (verbale Schönfärberei), im Falle einer ungerechtfertigt abwertenden Begriffswahl um einen ‚Dysphemismus', auch als ‚Kakophemismus' bezeichnet.

Für Konfliktkommunikation sind Begriffe, mit den sich die Konfliktparteien wechselseitig abwerten, charakteristisch. Im Vergleich zu den Grenzen, die im Privat- und Wirtschaftsleben durch Strafandrohung für üble Nachrede, Konkurrenten herabsetzende Werbung u. Ä. gesetzt sind, lässt die Rechtsprechung aufgrund der Vorrangigkeit von Meinungsfreiheit in der Politik viel weitere Spielräume für drastische Abwertungen bis zur Beleidigung zu. Davon wird in Zeiten von Populismus und Anonymität im Internet reichlich Gebrauch gemacht.

4.2.2 Ausdruck, Bedeutung, Referenz. Die Struktur politischer Begriffe

Um zu verstehen, was in rhetorisch-strategischen Operationen an und mit Begriffen geschieht, ist es unerlässlich, sich ihre internen Komponenten und deren Zusammenwirken zu verdeutlichen. Bei Begriffen als sprachlichen Zeichen gilt es zunächst zu unterscheiden zwischen

- *Ausdruck* (oft auch „Bezeichnung" genannt),
- *Bedeutung* (in der Allgemeinsprache auch als „Sinn" bezeichnet),
- *Referenzobjekt* (der – meist außersprachliche – ‚gemeinte' Sachverhalt).

Ausdruck und Bedeutung bilden das „sprachliche Zeichen" (Saussure 1967/1916). Als sprachliches Zeichen beziehen sie sich auf das Referenzobjekt.

Die *Bedeutung* politischer Begriffe entfaltet sich in vier Dimensionen als

- *deskriptive Bedeutung:* Sie ist weitgehend identisch mit dem Vorstellungsinhalt, der in Wörterbüchern als Bedeutung angegeben wird.
- *normative Bedeutung:* Darin kommt die normative Bewertung, die ein Begriff beinhaltet, zum Ausdruck. Hochwertbegriffe wie *Freiheit* und wertende Bezeichnungen wie *Sicherheitslücke* implizieren ein überindividuelles Sollen, rufen geradezu eine Pflicht auf, einen für gut befundenen Zustand anzustreben oder

zu verteidigen und einen für schlecht gehaltenen zu bekämpfen. (Die normative Bedeutung wird in der Politolingustik auch als „deontische Bedeutung" bezeichnet.) Motiviert wird die normative Bedeutung vielfach durch emotionale Bedeutungsmomente oder durch Konnotationen;
- *emotionale Bedeutung:* Politische Begriffe sind häufig emotional aufgeladen. Das kann kontextunabhängig in der Bedeutung eines Begriffs verankert sein *(Hetze)* oder kontextspezifisch generiert werden (z. B. in der Verwendung des Begriffs *Volk* im Protestruf *Wir sind das Volk* bei den Demonstrationen im Endstadium der DDR);
- *Konnotationen:* Das sind verbreitete Assoziationen, die mit dem Begriff überindividuell verknüpft werden – im Falle von erfolgreichen Fahnenwörtern (s. Kap. 4.2.1) auch die assoziative Zuordnung zu der Gruppierung, als deren Markenzeichen der Begriff fungiert (auch als „Symptombedeutung" bezeichnet).

Beispiel: *Terror*

- Ausdruck: auf das lateinische *terror* zurückgehendes Fremdwort (sogenannter *Internationalismus,* d. i. ein in vielen Sprachen lautlich ähnliches Wort),
- Deskriptive Bedeutung: „(systematische) Verbreitung von Angst und Schrecken durch Gewaltaktionen (besonders zur Erreichung politischer Ziele)" (Duden 2012),
- Normative Bedeutung: [ist abzulehnen und zu bekämpfen!].

- Emotionale Bedeutung: Ausdruck von Abscheu, u. U. auch von Angst oder Zorn.
- Konnotationen: Assoziationen/Erinnerungen z. B. an RAF, an Nine-Eleven oder andere terroristische islamistische Aktionen – letztere u. U. als Folge des Stereotyps vom gefährlichen Islam (vgl. Wehling 2016, 166).
- Referenzobjekt: als *Terror* bezeichnetes Geschehen (wobei umstritten sein kann, ob es die einschlägigen Bedeutungsmerkmale tatsächlich aufweist, d. h. ob es zu Recht so bezeichnet wird).

Die Bedeutungsaspekte können unterschiedlich stark ausgeprägt sein. Die Differenz ist besonders groß zwischen Begriffen, die primär im Rahmen von öffentlicher „Meinungssprache", und solchen, die primär im Rahmen von „Funktionssprache" verwendet werden (vgl. Dieckmann 1969, 81). Indem man ein Ereignis als *Terror* bezeichnet, äußert man eine eindeutige Meinung durch starke Ausprägung der normativen und der emotionalen Bedeutung. Demgegenüber weisen Begriffe aus dem Institutionen- und dem Ressortwortschatz meist ein nur geringes normatives oder emotionales Profil auf.

4.2.3 Der Kampf um Begriffe: Begriffsstrategische Operationen

Zum politischen Profil einer Gruppierung gehört das sprachliche Profil. Um ihre Weltsicht und ihre Interessen mit Hilfe der Machtressource Sprache durchzusetzen, versuchen Emittenten ihnen nützliche erscheinende Begriffe und die darin zum Ausdruck kommenden Einstellungen in den Köpfen ihrer Adressaten möglichst fest zu verankern. Um im Wettbewerb mit der politischen Konkurrenz sprachliche Hegemonie zu gewinnen, gilt es Sachverhalte im Sinne der eigenen Sicht auf die Welt begrifflich zu fassen (sog. „Framing"), gegebenenfalls neue Begriffe zu kreieren, vorhandene zu interpretieren, umzudeuten oder umzuwerten, das eigene Begriffsarsenal zu verteidigen, gegebenenfalls auch umzubauen und das gegnerische möglichst unwirksam zu machen. Begriffsstrategische Operationen werden vom politischen Gegner durchweg mit Gegenoperationen konterkariert. Daraus ergeben sich Konkurrenzen. Die wichtigsten sind *Bezeichnungskonkurrenz* und *Bedeutungskonkurrenz,* letztere in mehreren Varianten. Die im Folgenden behandelten Beispiele entstammen überwiegend der politischen Geschichte Deutschlands vom Ende des Zweiten Weltkriegs bis zur Gegenwart.

Framing und Bezeichnungskonkurrenz:
Politische Rhetorik macht sich zunutze, dass Denken, Empfinden, Werten und Handlungsorientierung einerseits weitgehend sprachlich geprägt sind, dass solche

Prägung aber andererseits ins Wanken gebracht werden kann – u. A. wiederum durch Sprache.

Prägung durch Sprache bedeutet: Sachverhalte sind uns meist nicht unmittelbar – als isoliertes factum brutum – kognitiv zugänglich. Um sie zu verstehen, müssen wir sie in einen Deutungsrahmen (Frame), d. h. in einen uns (mehr oder weniger) bekannten Zusammenhang einordnen oder zumindest auf einen solchen beziehen.

Indem politische Konkurrenten an einem Sachverhalt durch Einordnung in unterschiedliche Deutungsrahmen unterschiedliche Aspekte hervorheben, ausblenden, aufwerten, abwerten und andersartige Konnotationen mobilisieren, entstehen Bezeichnungen, die miteinander konkurrieren. Das geschieht häufig, indem dem Positiv-Begriff, den eine Seite zur Bezeichnung eines Sachverhalts kreiert hat, durch Framing des politischen Gegners ein markanter Kontrast-Begriff entgegengesetzt wird, der die negativen Seiten des Sachverhalts hervorhebt.

Beispiel: *Gesundheitsprämie* vs. *Kopfpauschale*
In der Auseinandersetzung um die Reform der gesetzlichen Krankenversicherung in den Jahren vor der Bundestagswahl 2005 schlugen CDU/CSU und FDP vor, die Finanzierung der gesetzlichen Krankenversicherung auf gehaltsunabhängige Beiträge umzustellen. Sie nannten ihr Projekt *Gesundheitsprämie* – eine strategische Wortwahl in der Hoffnung, dass die Bestandteile *Gesundheit-* und *-prämie* positive Vorstellungen hervorrufen: Die Hauptbedeutung von *Prämie* ist eine Zahlung, die man außer der Reihe, z. B. als Belohnung, erhält. Nur bei der *Versicherungsprämie* ist es anders. Da muss man zahlen.

Fehlt das Bestimmungswort *Versicherungs-,* lässt *Prämie* am ehesten an die Hauptbedeutung ‚Belohnung' denken. Die Bezeichnung *Gesundheitsprämie* soll die Assoziation wecken: Sie belohnt mit *Gesundheit. Gesundheit* ist der Positiv-Begriff schlechthin: Die deskriptive Bedeutung [optimaler körperlicher und seelischer Zustand] ist mit Emotionen des Wohlfühlens, normativ mit staatlicher Fürsorgepflicht und konnotatitiv mit persönlichsten Erfahrungen verbunden.

Diesen Versuch, das Projekt der gehaltsunabhängigen Krankenversicherungsbeiträge dem Frame ‚Gesundheit' zuzuordnen, konterkarierten die politischen Gegner (SPD, Grüne, Linke) mit der wenig schmeichelhaften Bezeichnung *Kopfpauschale.* Eine *Pauschale* ist ein Festbetrag, durch den mehrere Leistungen in Summe abgegolten werden. Pauschalen hat man als Kunde zu zahlen – das Gegenteil von Belohnung. In *Pauschale* klingt das oft abwertend verwendete Adjektiv *pauschal* im Sinne von ‚undifferenziert' mit. Dieser Aspekt wird durch das Bestimmungswort *Kopf-* verstärkt: Ohne Differenzierung nach Einkommen ist pro *Kopf* der gleiche Betrag zu zahlen. Indem man hier nicht den Begriff *Person* verwendet, sondern *Kopf-,* hat man mit *Kopfpauschale* eine Bezeichnung in assoziativer Nähe zu Negativ-Begriffen wie *Kopfgeld, Kopfsteuer, Kopfjäger* und Ähnlichem kreiert. Darin klingt Spott über die Bezeichnung *Gesundheitsprämie* wegen Schönfärberei mit. Das bedeutet: Eine ostentativ in Konkurrenz oder Abwehr formulierte Bezeichnung weist über sich hinaus. Sie enthält – vor allem für eine wache Öffentlichkeit – stets die stabile Konnotation ihres Verhältnisses zu dem Begriff, den sie konterkariert. Darum ist es aus rhetorisch-strategischer Perspektive risikoreich, Begriffe so zu kreieren, dass sie sich via Bezeichnungskonkurrenz leicht lächerlich machen lassen.

Bezeichnungskonkurrenz ist nicht notwendig auf zwei Kontrastbegriffe beschränkt. In der bioethischen Debatte über die Zulässigkeit von Forschung an „verschmolzenen Ei- und Samenzellen" fand Spieß 57 Bezeichnungen für das potentielle Forschungsobjekt von *abstrakte Objekte* über *Mensch im Werden* bis *Zellklumpen*. Nur 9 Bezeichnungen wurden von Forschungsgegnern wie von Forschungsbefürwortern verwendet, z. B. *Embryo*. Die Mehrheit verteilt sich polar: „Während Forschungsbefürworter dazu tendieren, das Merkmal ‚Verwertungsaspekt' zu betonen und ... Bezeichnungen wählen, die das Merkmal ‚Mensch' nicht enthalten, präferieren Forschungsgegner ... Bezeichnungen, die die Aspekte ‚Mensch', ‚Individualität', ‚Einzigartigkeit' in den Vordergrund stellen." (Spieß 2011, 311 ff.)

Begriffe besetzen und Bedeutungskonkurrenz:
Sucht man nach der Bedeutung von Begriffen im Wörterbuch (‚lexikalische Bedeutung'), stößt man häufig auf mehrere Bedeutungsvarianten oder auf abstrakte Bedeutungen, die Spielraum für unterschiedliche Interpretationen und Konkretisierungen lassen. Dies trifft für zahlreiche Begriffe zu, auf deren Verwendung in der Politik kaum verzichtet werden kann, wie *Volk, Gerechtigkeit, Demokratie, Reform* etc. Politische Akteure nutzen die Spielräume, um den Begriff in ihrem Sinne zu füllen – in der Politolinguistik auch als ‚Begriffe besetzen'

bezeichnet (vgl. Niehr 2014, 87 ff.). Geschieht das in Abgrenzung zur Begriffsverwendung anderer politischer Akteure, so entsteht Bedeutungskonkurrenz. Meist sind sämtliche Bedeutungsdimensionen betroffen, wobei auf einer der Schwerpunkt liegt. Dementsprechend sind die Beispiele im Folgenden geordnet.

Primär deskriptive Bedeutungskonkurrenz – Beispiel: der Begriff *Volk*. In rechtsnationalen Kreisen, in Deutschland seit etwa 2015 insbesondere in der AfD, wird der Begriff *Volk* in der Bedeutung einer kulturell homogenen Traditionsgemeinschaft verwendet (*Nation als kulturelle Einheit.* Grundsatzprogramm der AfD, S. 47). Demgegenüber ist der Volksbegriff des Grundgesetzes an die Staatsangehörigkeit geknüpft und lässt Raum für Pluralität von Herkunft und kulturellen Traditionen der Staatsbürger. Dieser Unterschied in der deskriptiven Bedeutung zeitigt – mit Ausnahme des Ausdrucks „Volk" als Lautfolge – Differenzen in allen weiteren begriffsbestimmenden Dimensionen: Die normative Bedeutung beinhaltet Vorrangansprüche für die Angehörigen dieser *kulturellen Einheit* – angedeutet im Begriff *Leitkultur* (ebenda). Emotional ist der kulturalistische Volksbegriff im Kontext des Rechtspopulismus bipolar: betont identifikatorische Bindung an das eigene *Volk – unser liebes Volk* (B. Höcke, Vorsitzender AfD Thüringen, ,Dresdner Rede' 17.1.2017) – verknüpft mit negativen Emotionen (Unbehagen, Abneigung, Hass) gegenüber denen, die sich außerhalb dieser *kulturellen Einheit* bewegen, sowie gegenüber Eliten, die *Multikulturalismus* fördern (Grundsatzprogramm der AfD, S. 47). Auch die Konnotationen sind in rechtspopulistischen Kontexten andere als die des grundgesetzlichen Volksbegriffs: Vorstellungen von Bedrohung durch massenhaften Zuzug muslimischer Migranten aus orientalischen und afrikanischen Ländern. Damit gewinnt dieser Volksbegriff eine *ethnische* Dimension. Auch die Referenzobjekte stimmen nicht überein: Das *deutsche Volk* als *kulturelle Einheit* im Sinne der AfD umfasst weniger Menschen als das *deutsche Volk* im Sinne des Grundgesetzes.

Primär normative Bedeutungskonkurrrenz – Beispiel: der Begriff *Sozialismus*. Während *Sozialismus* auf der linken Seite des politischen Spektrums als Positiv-Begriff, teilweise sogar als Fahnenwort zur Selbstbezeichnung von Parteien verwendet wurde und wird, dient es politischen Gegnern vielfach als Stigmawort. Solche normative Konkurrenz ist bei wichtigen politischen Begriffen selten das Ergebnis kurzfristiger rhetorischer Bemühungen einer Seite. Zur Umwertung etablierter Begriffe bedarf es historisch günstiger Bedingungen. So besaß *Sozialismus* über einen langen Zeitraum weit über das linke Spektrum hinaus eine eher positive normative Bedeutung – in Deutschland sogar als Teil der Selbstbezeichnung der NSDAP („National*sozialistische* Deutsche Arbeiterpartei") oder in der unmittelbaren Nachkriegszeit als „Christlicher *Sozialismus*" in der Frühphase der CDU. Die Chance für die sog. ‚bürgerlichen Kräfte' in der alten Bundesrepublik, den Begriff beim Gros der Bevölkerung als Stigmawort zu verankern, ergab sich erst, als der ‚*real existierende Sozialismus*' in der DDR immer mehr als abschreckend und prototypisch für *Sozialismus* empfunden wurde.

Die SPD bekennt sich in ihren Programmen seit je zum *Sozialismus* (seit dem Godesberger Programm 1959 zum *Demokratischen Sozialismus*). Damit wurde und wird sie, obwohl sie den Begriff seit den 1950er Jahren wenig offensiv verwendet (vgl. Stötzel/Wengeler 1995, 51 ff.), Ziel stigmatisierender Attacken. Am bekanntesten ist die CDU/CSU-Wahlkampagne 1976 mit dem auf die SPD zielenden Slogan *Freiheit statt Sozialismus.*

Soweit die gegnerischen Seiten dem *Sozialismus*-Begriff unterschiedliche deskriptive Elemente zuordnen, stehen auch diese ganz im Zeichen normativer Gegensätzlichkeit. So machen für das Selbstverständnis der Sozialdemokratie Hochwertbegriffe wie *soziale Gerechtigkeit, Freiheit, Solidarität* und *Frieden* die positive Wertigkeit des *(Demokratischen) Sozialismus* aus. Zum Stigmabegriff aus liberal-konservativer Sicht wird *Sozialismus* wiederum durch Zuordnung von Negativ-Begriffen wie *Staatsgläubigkeit, Geldverschwendung, Wirtschaftsfeindlichkeit* oder gar – mit Blick auf die marxistisch-leninistische Ausprägung von *Sozialismus – Unfreiheit* und *Unterdrückung*. Unterlegt ist der normative Kontrast durch Emotionen-Kontrast: auf der einen Seite Stolz und Selbstgewissheit, auf der anderen Antipathie und Besorgnis.

Primär emotionale Bedeutungskonkurrenz – Gefühlsumbrüche. Beispiel: der Begriff *Diesel*. Obwohl Emotionserregung in der politisch-rhetorischen Praxis zum Alltagsgeschäft gehört, stellt die Kategorie „emotionale Bedeutung" ein rhetorisches und politolinguistisches Forschungsdesiderat dar. Daher kann hier lediglich an einem aktuellen Beispiel (2018) eine knappe Analyse vorgelegt werden, die nicht auf empirisch abgesicherter Forschung, sondern auf Plausibilitätserwägungen beruht:

Lange Zeit galt der Dieselmotor im Vergleich zum Benzin verbrauchenden Otto-Motor als wirtschaftlicher und umweltfreundlicher. Das machte ihn beliebt und führte in Deutschland zu einer Steigerung des Anteils der PKW mit Dieselmotor von 13 % (1991) auf über 40 % (2004–2015). Mit dem 2015 einsetzenden Abgasskandal änderte sich das: Einbau von ‚Betrugssoftware' durch renommierte Autokonzerne, drohende Fahrverbote in Städten wegen zu hoher Stickoxid-Belastung, Wertverlust der Fahrzeuge u. A. ließen den Anteil der Diesel-PKW auf 33 % (2017) fallen. *Diesel* war zu einem politischen Begriff geworden. Gehörten vor dem Skandal positive Gefühlswerte wie Zufriedenheit (mit dem Kauf) und Achtung (vor dem technisch-ökonomischen Leistungsniveau) in öffentlicher und privater Kommunikation zuverlässig zum Begriff *Diesel,* so wurde er nun in breiten Bevölkerungskreisen zum Negativ-Begriff mit Ärger u./o. Wut als vorrangigen emotionalen Bedeutungselementen. Ob fachkommunikative Verweise auf modernste ‚saubere' Diesel das ändern können, ist offen.

Konkurrenz um attraktive Konnotationen:
Beispiel: der Begriff *Zusammenhalt:* Bei diesem Typus des begriffsbezogenen Wettbewerbs wird – anders als in den bisherig behandelten Fällen – nicht versucht, in die Struktur eines Begriffs einzugreifen. Es geht auch nicht um genuin politische Begriffe, sondern darum, ähnlich der Wirtschaftswerbung allgemeinsprachliche Begriffe

mit positiver emotionaler Anmutung für sich zu vereinnahmen und sie möglichst zu Konnotaten des eigenen Parteinamens zu machen. Wahlkampagnen sind beliebte Anlässe für diese Strategie, dem Partei-Image einen Schub in eine bestimmte Richtung zu geben, ohne auf ideologieverdächtige Begrifflichkeit zurückzugreifen. So versuchte die SPD mehrfach, ihr Image über das Bild der Gerechtigkeits- und Sozialpolitik-Partei hinaus zu erweitern, indem sie die Begriffe *modern* (1969) und *Innovation* (1998) an zentralen Stellen der Kampagne, insbesondere den Slogans, platzierte.

Im Bundestagswahlkampf 2013 kam es zu einem Kampf zwischen CDU und SPD um das Konnotat *Zusammenhalt*. Den offensiven Part spielten die SPD und ihr Kanzlerkandidat Steinbrück mit dem wiederholten Vorwurf, die CDU/CSU/FDP Regierung gefährde den *gesellschaftlichen Zusammenhalt*. Die Union und Kanzlerin Merkel konterkarierten das, indem sie an zentralen Stellen der Kampagne den *Zusammenhalt* der deutschen Gesellschaft betonten. Der sei für Deutschlands *Erfolg* verantwortlich. Der Kampf um die Konnotation der überzeugendsten Gemeinschaftsorientierung manifestierte sich in den Hauptslogans, ausgetragen über die Alltagsvokabeln *gemeinsam* und *wir*:

CDU. Gemeinsam erfolgreich

Das Wir entscheidet. SPD

Für politisch wenig Informierte bleibt dieser Gemeinschaftsbezug beider im Ungefähren. Nur wer die Wahlkampftexte, insbesondere die Wahlprogramme, genauer studiert, bemerkt, dass die Union eher eine optimistische Leistungsgemeinschaft und die SPD eine gefährdete Solidargemeinschaft adressiert.

Neben Bezeichnungs- und Bedeutungskonkurrenz gibt es weitere Arten, den Kampf um Begriffe auszutragen. Auf sie soll jeweils ein kurzer Blick geworfen werden:

Demontage gegnerischer Begriffe:
Begriffe kann man mit sprachsystematischen oder mit meta-kommunikativen Mitteln zu demontieren versuchen. Sprachsystematische Operationen sind z. B. distanzierende Attribute *(sogenannte Soziale Marktwirtschaft)* und die Verwendung abwertender Wortbildungsmittel wie der Endung *-itis,* die Krankheit konnotiert *(Reformitis* zu *Reform).*

Häufiger ist der metakommunikative Angriff auf den gegnerischen Sprachgebrauch in Form expliziter Kritik an (angeblichen) Verstößen gegen die kommunikationsethischen Prinzipien Wahrheit, Fundiertheit, Relevanz, Informativität und Klarheit, nicht selten im Gestus moralischer Empörung. Die traf bspw. Ministerpräsident Söder, CSU, im bayerischen Landtagswahlkampf 2018, als er für das – aus CSU-Sicht rechtswidrige – Weiterreisen von Migranten, die schon in einem EU-Land Asyl beantragt haben, in ein anderes EU-Land (vor allem Deutschland) systematisch die sarkastisch abwertende Bezeichnung *Asyltourismus* verwendete. Die Kritik wurde so stark, dass Söder am 11. 7. 2018 im bayerischen Landtag zusagte, den Begriff nicht mehr zu verwenden (https://www.merkur.de/politik/soeder-will-begriff-asyltourismus-nicht-mehr-verwenden-zr-10026617.html)

Attackieren des Missbrauchs von Begriffen:
Bei dieser Operation wird der politische Gegner angegriffen, weil er einen untadeligen Begriff missbrauche. So warfen in den Jahren der sog. ‚Nachrüstungsdebatte' um 1980 die gegnerischen Seiten einander wechselseitig den Missbrauch des Begriffs *Frieden* vor.

Auf Begriffe festnageln:
Zu Beginn der ‚Eurokrise' hatte sich die SPD in der Debatte über neue Finanzinstrumente zur Abwendung der Krise kurzzeitig für *Eurobonds* ausgesprochen. Das sind Anleihen, die gemeinsam von den Staaten der Euro-Zone auszugeben gewesen wären und für die die Länder gemeinsam haften sollten. CDU/CSU lehnten dieses Konzept wegen zu hoher Risiken für Deutschland ab, wenig später distanzierte sich auch die SPD mehrheitlich davon. Die Union kümmerte das nicht. In der Kampagne zur Bundestagswahl 2013 verknüpfte sie die SPD nach wie vor mit dem – auch in der Bevölkerung unbeliebten – Begriff *Eurobonds*.

Verteidigen von Begriffen:
Begriffe, die zu den Miranda einer Partei gehören, können durch gesellschaftlich-kulturelle Entwicklungen an Attraktivität verlieren. Will man den Begriff nicht aufgeben, lässt er sich verteidigen, indem man in seine Verwendung Elemente integriert, die den kulturellen

Entwicklungen Rechnung tragen. Als die Union Ende der 1970er Jahre immer stärker wegen ihres konservativen Familienbildes angegriffen wurde, bemühte sich CDU-Generalsekretär Geißler um Modernisierung des *Familien*-Begriffs seiner Partei: *Familie ist für uns kein Hindernis bei der Emanzipation der Frau, sondern der wichtigste Ort individueller Geborgenheit, Sinnvermittlung und freier Entfaltung in der Gemeinschaft.* (Geißler 1979, 30)

Rückzug aus Begriffen:
Heften sich an Begriffe, die man bisher zur positiven Charakterisierung der eigenen Politik verwendet hat, negative Konnotationen, so lassen sich mehrere Rückzugsstrategien beobachten:

(1) Man tilgt den Begriff demonstrativ, um aller Welt den Bruch zu zeigen. So signalisiert die SPD im Godesberger Programm (1959) die Wende von der Arbeiter- zur Volkspartei, indem sie auf ihre Geschichte eingeht, ohne *Marx, Marxismus* und *marxistisch* zu erwähnen (vgl. Hermanns 1989, 86).

(2) Man bleibt inhaltlich bei der alten Position, umschreibt sie aber unter Vermeidung des ungünstig gewordenen Begriffs. So nahm der letzte SED-Generalsekretär Krenz in der Endphase der SED-Herrschaft in der DDR den diskreditierten Begriff *führende Rolle der SED* nicht mehr in den Mund, beharrte aber der Sache nach darauf. (FAZ 2. 11. 1989)

(3) Man ersetzt den alten durch einen neuen Begriff. Die Geschichte der vormaligen SED ist dafür ein

Beispiel. Ihre politische Transformation ist auch eine Geschichte des stufenweisen Rückzugs aus dem diskreditierten Parteinamen: *SED (Sozialistische Einheitspartei Deutschlands)* → *PDS (Partei des Demokratischen Sozialismus)* → *Linkspartei* → *Die Linke.*

4.3 Sätze

An der sprachlichen Struktureinheit Satz interessiert die politische Rhetorik vor allem ihr Handlungscharakter, ihr Bezug zu ‚rhetorischen Figuren' sowie die Eigenschaften salienter Sätze, d. h. von Sätzen als Bestandteilen des politischen Aktualwissens und des kollektiven Gedächtnisses.

4.3.1 Sätze als Sprechakte

Sätze unter rhetorischem Aspekt zu betrachten, bedeutet ihren Handlungscharakter zu fokussieren. Die Mitte des 20. Jahrhunderts entwickelte Sprechakttheorie hat den Zusammenhang zwischen Sätzen und kommunikativer Leistung aufgeklärt: Als „grundlegende und kleinste Einheiten der sprachlichen Kommunikation" fungieren „Sprechakte"; ihre prototypische (wenn auch nicht einzige) formal-grammatische Realisierungsform ist der Satz (Searle 1969, 30). In Sätzen werden Wörter nach grammatischen Regeln so kombiniert, dass Sprechakte vollzogen werden, indem auf Dinge/Personen/Gedankliches Bezug genommen und Aussagen über sie gemacht werden. Die kommunikative Leistung eines Sprechaktes wird auch als „Illokution" bezeichnet.

Um welchen Sprechakt es sich handelt, wird häufig vom Kontext mitbestimmt. So ist der Satz *Bei den hohen Investitionen wird es auch in den Haushalten der nächsten Jahre bleiben* ohne Kontext illokutionär uneindeutig. Erfährt man, dass ihn Bundesfinanzminister Scholz (SPD) in einer Haushaltdebatte gesagt hat (Deutscher Bundestag 19/47, 11. 9. 2018, 4950 C), so weiß man: Es handelt sich um eine Ankündigung und gleichzeitig um eine indirekte Zusage der Regierung, entsprechend zu handeln. Von einer Person ohne jeden finanzpolitischen Einfluss im Privatgespäch geäußert, würde es sich lediglich um eine unautorisierte Prognose handeln.

Von den Versuchen, die Fülle unterschiedlicher Sprechakte in Grundtypen einzuteilen, hat sich Searles (1976) Klassifikation durchgesetzt. Er unterscheidet

- Repräsentativa: Sprechakte, mit denen Ansprüche auf wahre Darstellung der Welt erhoben werden wie *feststellen, behaupten, prognostizieren*. Dazu kommen wertende Sprechakte, in denen die Existenz des Bewerteten unterstellt ist, darunter typisch für politische Kommunikation: *gut heißen, zustimmen, beklagen, beschimpfen, kritisieren, tadeln, vorwerfen, verteufeln, ...*
- Direktiva: Sprechakte, mit denen Forderungen an Adressaten gerichtet werden: *appellieren, auffordern, befehlen, beschwören, bitten, empfehlen, herausfordern, mahnen, raten, warnen, ...*

- Erotetica (ursprünglich zu den Direktiva gezählt): Sprechakte, in denen Emittenten Ungewissheit zu erkennen geben: *fragen, bezweifeln,* ...
- Kommissiva: Sprechakte, mit denen der Sprecher Verpflichtungen eingeht: *versprechen, zusagen, ankündigen, verweigern, zugestehen,* ...
- Expressiva: Sprechakte, mit denen soziale Kontakte praktiziert und Beziehungen zum Ausdruck gebracht werden: *anreden, danken, grüßen,* (Personen) *begrüßen, sich entschuldigen,* ...
- Deklarativa: institutionelle Sprechakte, in denen die soziale Tatsache, die genannt wird, gleichzeitig geschaffen wird: *ernennen, eröffnen,* (durch ein Gericht) *verurteilen,* ...

Nicht selten beinhalten Sätze einen Sinn, der über die wörtliche Bedeutung deutlich hinausgeht oder dieser sogar widerspricht. Die Irritation darüber, dass die wörtliche Bedeutung in der gegebenen Situation keinen ausreichenden Sinn ergibt, löst eine „*konversationelle Implikatur*" (Grice 1975/1968) aus, d.h. einen kognitiven Automatismus, um auf der Basis von Situationskenntnis, Welt- und Sprachwissen Schlüsse zu ziehen, die dem Satz einen akzeptablen Sinn verleihen. In der Politik werden konversationelle Implikaturen vor allem verwendet, um Brisantes, z.B. Angriffe auf parteiinterne Konkurrenten, nicht direkt zu äußern, aber dennoch unmissverständlich zu verstehen zu geben.

Wenn bspw. ein junger Bewerber um ein Spitzenamt, das auf Langfristigkeit angelegt ist, betont: *Ich biete eine Perspektive, die über vier Jahre hinausgeht,* ist das wörtlich verstanden eine Trivialität, da allen Adressaten die relative Jugendlichkeit des Bewerbers bekannt ist. (Quelle Der Tagesspiegel. 15. 11. 2018, S. 4). Der scheinbar überflüssige Satz verliert aber seine Trivialität, wenn man einbezieht, dass der härteste Mitbewerber nahe am Rentenalter ist. Diese Schwachstelle des Rivalen direkt anzusprechen, wäre ein Fauxpas. Da bietet die konversationelle Implikatur einen Ausweg.

4.3.2 Der Satz als Domäne rhetorischer Figuren

Bevorzugtes Instrument des Versuchs, Sätze aus der Menge unauffälliger Satzgebilde mit Hilfe formaler Gestaltungsmittel herauszuheben, ist der Einsatz ‚rhetorischer Figuren'. Politische Reden mit reichhaltiger Verwendung rhetorischer Figuren finden sich hauptsächlich außerhalb des parlamentarischen Alltags. Sie sind typisch für Reden, mit denen ein schwankendes Auditorium, z. B. ein Parteitag vor einer wichtigen Entscheidung beeinflusst werden soll. Adressaten sollen nicht nur durch die sachliche Qualität von Argumenten überzeugt, sondern auch durch die Art diese auszudrücken, beeindruckt werden.

Den meisten rhetorischen Figuren ist gemeinsam, dass sie über die komplexe hierarchisch-syntaktische Struktur von Sätzen einfache lineare Ordnungen legen, welche die Aufmerksamkeit auf die so verbundenen Elemente lenken. Wörter, Laute u./o. syntaktische Strukturen werden auf ungewohnte Weise oder an ungewohnter Stelle wiederholt. Dadurch wird „die Wahrnehmung von (sprachlichen, J. K.) Zeichen erleichtert, ihre Verstehbarkeit begünstigt und die Memorierbarkeit erhöht" (Knape 1996, 332).

Die literarische Rhetorik kennt eine Vielzahl rhetorischer Figuren (vgl. Ottmers 2007). In der Praxis politischer Rhetorik trifft man allerdings kaum auf mehr als ca. 10 solcher Figuren, so bspw. in der kämpferischen Rede, die der SPD-Vorsitzende und Bundeskanzler Gerhard Schröder beim Sonderparteitag der SPD am 1.6. 2003 zur Durchsetzung der Sozial- und Arbeitsmarkt-Reform „Agenda 2010" hielt (siehe Tabelle 4.3.2)

Als rhetorische Figur wird vielfach auch die rhetorische Frage bezeichnet, obwohl sie, ähnlich wie die Ironie einen ‚Tropus' (Bedeutungswechsel) auf Satzebene darstellt: Trotz Frage-Form handelt es sich um eine Behauptung mit der betonter Unterstellung von Selbstverständlichkeit. Schröder versucht durch Wiederholung einer rhetorischen Frage besonders eindringlich an Selbstbewusstsein und Selbstverständnis der Delegierten zu appellieren:

Wer wenn nicht wir, kann denn eine Zuwanderungspolitik, die unserem Land hilft, wieder auf die Tagesordnung setzen? Wer wenn nicht wir, soll das tun, liebe Freundinnen und Freunde?

Schröder akzentuiert mittels rhetorischer Figuren vor allem zentrale Aspekte des umstrittenen Reform-Projekts und der Rolle seiner Partei. Dahinter steht, wie bei vielen politischen Rednern, die Intention, vor allem die Kernbotschaften möglichst wirksam zu formulieren.

Tab. 4.3.2 Die 10 wichtigsten rhetorischen Figuren. (Beispiele aus Kanzler Schröders Agenda-2010-Rede vor dem SPD-Parteitag am 1.6.2003, geordnet nach Vorkommenshäufigkeit)

Rhetorische Figur	*Beispiel*
	Struktur und Funktion
Bikolon	*Wachstum und **Beschäftigung***
	Das Bikolon (Zweierfigur) fehlt aufgrund seiner Nähe zu alltagssprachlichen Doppelformen *(links und rechts, Vater und Mutter, Stadt und Land)* häufig in den Katalogen rhetorischer Figuren. Vor allem in temperamentvoll vorgetragenen Reden haben Bikola allerdings durchaus eine rhetorische Funktion: Ihr Gebrauch signalisiert, dass der Redner bei aller Lebhaftigkeit und Geschwindigkeit nicht über seine Gegenstände hinweghuscht, dass er ‚beide Seiten' wichtiger Konzepte im Blick hat, so Schröder mit **Wachstum** und **Beschäftigung** die zentralen Ziele staatlicher Wirtschaftspolitik.
Trikolon	*Modernisierung **in Freiheit, in Solidarität** und **in Gerechtigkeit***
	Das Trikolon (Dreierfigur) weitet im Vergleich zum Bikolon den Blick über die Geschlossenheit einer Doppelstruktur hinaus, signalisiert aber Überschaubarkeit und Ordnung. Es bedeutet einen Tribut an die in vielen Lebensbereichen vorhandene Markierung von Dreiheit. Wenn das Trikolon aus umfangreicheren Elementen gebildet wird, wird die Zusammengehörigkeit der Elemente vielfach durch Gleichmaß des Sprechrhythmus unterstrichen.

4 Politische Rhetorik als sprachliches Handeln

Rhetorische Figur	*Beispiel*
	Struktur und Funktion
Geminatio/ Emphase	*Das Versprechen würde uns sonst **einholen**, und zwar bitter **einholen**, liebe Freundinnen und Freunde!*
	Wiederholung (Geminatio) eines Wortes oder einer knappen Wortkombination stellt eine über die stimmliche Betonung hinausgehende Akzentuierung dar. Sie vermittelt Eindringlichkeit und signalisiert besondere Relevanz. Die Geminatio ist daher vielfach identisch mit der Figur der Emphase.
Antithese	***Nicht Betreuung, sondern Hilfe zur Selbsthilfe,*** *das ist der Kern des Sozialstaates, wie wir ihn verstehen.*
	Abgrenzungen und Betonung von Gegensätzen sind typisch für politische Kommunikation. Wird Kontrastierung sprachlich zugespitzt auf Begriffsopposition (hier: *Betreuung* vs. *Hilfe zur Selbsthilfe*) im Rahmen syntaktisch gleicher Struktur (hier: Adverb + Subjektsnominativ) liegt die Figur der Antithese vor. In ihr wird nicht nur Gegensätzlichkeit betont, sondern meist auch eine klare Verteilung von Pro und Kontra vorgenommen.

Rhetorische Figur	Beispiel
	Struktur und Funktion
Anapher	***Wir müssen erklären,** warum wir diesen Kraftakt auf uns nehmen. **Wir müssen** den Menschen **erklären** – wir können das, wenn wir zusammenhalten und wenn sich alle daran beteiligen – **wir müssen erklären,** dass wir das tun, weil der Wohlstand sonst sinkt und weil der soziale Zusammenhalt in unserem Land gefährdet würde.* Die Anapher setzt benachbarte Sätze oder Teilsätze durch wörtliche Übereinstimmung der Satzanfänge in auffälliger Weise miteinander in Beziehung. Wenn – wie im Beispiel – der Gedanke des ersten Satzes in den folgenden Sätzen/Teilsätzen vertieft wird, sollen Anaphern Eindringlichkeit verstärken. In anderen Fällen wird der souveräne Überblick über eine – als gleichgerichtet geordnete – Vielfalt signalisiert. Mit einer hohen Zahl anaphorisch verbundener Glieder wird der Eindruck eines katalogartigen Zusammenhangs vermittelt.
Klimax	*Es wird darauf geschaut, **ob wir den Mut aufbringen,** die Herausforderungen einer veränderten ökonomischen und demographischen Wirklichkeit anzunehmen, **ob wir den Mut haben,** Weichen zu stellen und unsere Gesellschaft in eine gute, in eine bessere Zukunft zu führen; das heißt aber zunächst, **dass wir den Mut haben müssen,** die Wahrheit auszusprechen.* Die Klimax (Steigerung) ist ein weiteres Instrument zur Signalisierung von Übersicht und mentaler Ordnung angesichts von Vielfalt, allerdings im Unterschied zu Anapher und Trikolon nicht bloß im Gleichmaß reihend, sondern nach Relevanz und damit auf Zuspitzung und Nachdrücklichkeit zielend.

Rhetorische Figur	Beispiel
	Struktur und Funktion
Alliteration, Assonanz	*Ob man das ... **A**nspruchsdenken nennt, **A**ussitzenwollen oder **A**bschieben von Verantwortung –*
	Durch Übereinstimmung der Anfangslaute mehrerer Wörter, vor allem in gleicher syntaktischer Funktion (hier: Akkusativobjekt) wird ihre inhaltliche Zusammengehörigkeit betont. Bei gleicher oder ähnlicher Wortbetonung, wie ebenfalls hier, ergibt sich eine Rhythmisierung, die Eindringlichkeit suggeriert. Vor allem wenn syntaktische und wortgrammatische Übereinstimmung der Elemente fehlt, kann Alliteration eher sprachspielerische Funktion haben. Das Gleiche gilt für die Assonanz, bei der Gleichklang der Vokale nicht auf den Anfangslaut beschränkt ist.
Parallelismus	*diejenigen, **die heute schon leistungsstärker, die heute schon selbständiger** sind,*
	Im Parallelismus sind – bei partieller Übereinstimmung der Wörter – mindestens zwei Sätze oder mehrwortige Satzteile parallel gebaut. Im Vergleich zu gewöhnlichen Redefluss lässt sich durch Parallelismen Aufmerksamkeit steigern. Wenn der Form inhaltliche Parallelität entspricht, wird durch den Parallelismus Zusammengehörigkeit betont.

Rhetorische Figur	*Beispiel*
	Struktur und Funktion
Chiasmus	*Wer versucht, die **Realität** zu **verdrängen**, den **drängt** die **Realität** beiseite*
	Im Chiasmus werden Sätze oder Satzteile dadurch aufeinander bezogen, dass zwischen ihnen mindestens zwei Wörter übereinstimmen und dabei in umgekehrter Reihenfolge geordnet sind. Wenn der Chiasmus sich nicht im Sprachspielerischen erschöpft, signalisiert er – wie hier – einen inhaltlichen Kontrast und soll ihm Eindringlichkeit verleihen.
Enumeratio	*neue Techniken in Umwelt, Biologie und Medizin, neue Arbeitsplätze, neue Lösungen für die großen globalen Risiken, neue Kommunikations- und Dienstleistungen, die unsere Lebensqualität deutlich verbessern*
	Mit der Enumeratio (Aufzählung, Häufung) wird – wie hier – breite Kenntnis eines Sachbereichs signalisiert oder auch souveräner Umgang mit Fülle suggeriert.

4.3.3 Saliente politische Sätze

Saliente politische Sätze sind Sätze, die aus der Masse der Sätze dadurch herausragen, dass sie über lange Zeit erinnert und zitiert werden, z. B. Bundeskanzler Willy Brandts *Wir wollen mehr Demokratie wagen.* Manche Sätze überdauern Epochen wie *Jeder soll nach seiner Facon selig werden* (Friedrich der Große. 1740).

Saliente politische Sätze stammen aus sehr unterschiedlichen Quellen. Bevor sie zu weithin bekannten ‚Zitiersätzen' werden, finden sich die originalen Formulierungen bspw.

- in Verfassungen: *Die Würde des Menschen ist unantastbar.* (Grundgesetz, Art. 1, Satz 1),
- als Wahlkampfslogan: *Keine Experimente* (CDU 1957),
- als Protestslogan: *Atomkraft? Nein danke!* (Anti-Atom-Bewegung ab 1975)
- in Reden: *Der 8. Mai war ein Tag der Befreiung.* (Bundespräsident von Weizsäcker 1985),
- in Pressekonferenzen: *Wir schaffen das.* (Bundeskanzlerin Merkel, CDU, 2015)
- in Interviews: *Berlin ist arm, aber sexy.* (Reg. Bürgermeister Wowereit, SPD, 2003),
- als Sprechchor und Spruchbandtext: *Wir sind das Volk.* (Protestbewegung in der DDR 1989),
- als Covertitel: *Wir haben abgetrieben.* (300 Frauen auf dem STERN-Cover 1971),
- als Buchtitel: *Deutschland schafft sich ab.* (Berlins Ex-Finanzsenator Sarrazin SPD 2010)

- als Schlusssatz eines Manifests: *Proletarier aller Länder, vereinigt Euch!* (Karl Marx/Friedrich Engels 1848),
- als Gedichtzeile: *Denk' ich an Deutschland in der Nacht, dann bin ich um den Schlaf gebracht.* (Heinrich Heine 1869).

Entscheidend für den Schritt vom erstmals geäußerten Satz und der unmittelbaren Reaktion bei Zuhörern und Erstlesern zum weithin bekannten Zitiersatz ist die Resonanz in den prägenden Medien der jeweiligen Zeit und später (s. Kap. 6) – mit Ausnahme vielleicht von Sätzen aus Verfassungen.

Saliente politische Sätze weisen typische sprachliche und außersprachliche Eigenschaften auf, welche die Chance erhöhen, beachtet, aufgegriffen, wiederholt zitiert und und in wörtlicher Formulierung weithin bekannt zu werden (vgl. Klein 2017):

Sprachliche Eigenschaften:

- Kürze: 3–8 Wörter,
- strukturelle Simplizität: Einfachsatz oder Elliptischer Satz; höchstens drei Satzglieder; fehlende oder einfache Verbform; nominale Satzglieder überwiegend attributlos, Rest mit nur einem Attribut,
- Verwendung rhetorischer Schemata,
- Positiv- oder Negativ-Wertungen,
- Expliziter oder aus dem Kontext erschließbaren Bezug auf Gegner oder abgelehnte Positionen,
- Kategorischer Geltungsanspruch in apodiktischer, durch keinerlei Einschränkung abgeschwächter Formulierung.

4 Politische Rhetorik als sprachliches Handeln 125

- Dazu kommt in Reden vor allem Platzierung an markanter Stelle, z. B. als Schlusssatz (Kennedy: *Ich bin ein Berliner*) oder als abschließende Quintessenz einer längeren Passage (Merkel: *Wir schaffen das*), auch als pointierter Wendepunkt und Konklusion präzis in der Mitte einer Kontra und Pro abwägenden Argumentation (von Weizsäcker: *Der 8. Mai war ein Tag der Befreiung*). Akzentuiert werden solche Platzierungen meist paraverbal durch Wechsel des Sprechtempos, der Intonation u./o. der Lautstärke. In Schrifttexten wird Salienz vor allem gefördert durch graphische Hervorhebung u./o. Platzierung als Slogan, als Titel, Unter- oder Zwischentitel, gelegentlich auch als Anfangs- oder Schlusssatz.

Außersprachliche Eigenschaften:

- politisch, publizistisch oder anderweitig bedeutender Emittent (Person oder Gruppierung),
- politisch relevantes – unter demokratischen Systembedingungen meist umstrittenes – Thema,
- durch öffentliche Aufmerksamkeit, Zuspitzung oder Aufbrechen eines latenten Konflikts gekennzeichnete Situation.

Bei salienten Sätzen, die die Zeit ihrer aktuellen Diskursbedeutung hinter sich haben und im kollektiven Gedächtnis nur noch als historische Bestände erinnert werden, reicht die Spannbreite der Zitiergründe von der Aktualisierung in bestätigender oder warnender Funktion über ein historisches Interesse bis zum bloßen

Renommieren mit Bildungswissen. Aus dem Satz ist ein – als Textbaustein fast beliebig verwendbarer – knapper „Zitiertext" geworden (Fix 2009).

Unter dem Aspekt politischer Rhetorik ist die Phase von größerer Bedeutung, in welcher der Satz *Bestandteil des politischen Aktualwissens* ist. Da kann er Kernparole einer revolutionären Bewegung werden wie *Wir sind das Volk* in der friedlichen Revolution 1989 in der DDR. Er kann nachhaltige Empörung auslösen wie 1983 der Satz des CDU-Generalsekretärs Geißler *Der Pazifismus der 30-er Jahre hat Auschwitz erst möglich gemacht*. Saliente Sätze vermögen wichtige Rollen in Kontroversen und Diskursen einzunehmen wie

- Kontroverse auslösen. Beispiel: *Wir schaffen das.* (Bundeskanzlerin Merkel, CDU, 31.8.2015),
- Kontoverse provozieren. Beispiel: *Wir haben abgetrieben.* (300 Frauen auf STERN-Cover 1971),
- Offene oder latent schwelende Kontroverse entscheiden mit der ‚Macht des Wortes'. Beispiel: *Der 8. Mai war ein Tag der Befreiung.* (Bundespräsident von Weizsäcker in der Rede zum 40. Jahrestag des Zweite-Weltkrieg-Endes, 1985),
- Diskurse legitimieren und motivieren. Beispiele: *Die Würde des Menschen ist unantastbar.* (Art. 1, Abs. 1, Satz 1, GG), *Männer und Frauen sind gleichberechtigt.* (Art. 3, Abs. 2, Satz 1, GG),
- Diskurs steuern. Beispiel: *Scheitert der Euro, (dann) scheitert Europa.* (Bundeskanzlerin Merkel, CDU, zur Euro-Krise. Mehrfach 2010–2012),

- Diskurs umsteuern. Beispiel: *Der Islam gehört inzwischen auch zu Deutschland.* (Bundespräsident Wulff, 2010) nach monatelanger Diskursdominanz des Satzes *Deutschland schafft sich ab.* (Titel eines islam- und migrationskritischen Bestsellers des Ex-SPD-Politikers Sarrazin),
- Diskurs akzentuieren. Beispiel: *Durch Deutschland muss ein Ruck gehen.* (Bundespräsident Herzog 1997),
- Befreiungsschlag aus tabuisiertem Diskurs. Beispiel: *Ich bin schwul – und das ist auch gut so.* (Klaus Wowereit, SPD-Kandidat für das Amt des Regierenden Bürgermeisters von Berlin, 2001),
- Diskurs stoppen. Beispiel: *The ECB is ready to do whatever it takes to preserve the euro. And believe me, it will be enough.* (Mario Draghi, Präsident der Europäischen Zentralbank, 26. 7. 2012).

4.4 Reden und Texte

4.4.1 Typen der Themenentfaltung

Für Texte und Reden ist die Einheitlichkeit eines Themas charakteristisch. An die 80 „Textsorten" – das ist der linguistische Terminus für Schrifttext- und Redetypen – existieren im Bereiche politischer Institutionen (vgl. Girnth 2015, 83–87). Für die politische Rhetorik sind diejenigen von Bedeutung, die primär persuasive Funktion haben.

Die Textlinguistik hat Grundformen der „Themenentfaltung" herausgearbeitet: *deskriptiv, narrativ, explikativ* und *argumentativ* (vgl. Brinker et al. 60–79).

Die Hauptaufgabe beim Verfassen primär DESKRIPTIVER Texte/Reden besteht darin, die thematisierten Sachverhalte räumlich und zeitlich zu lokalisieren, sie in einen Situationsrahmen einzuordnen, relevante Bestandteile zu spezifizieren und Zuordnungen vorzunehmen. Handelt es um Vorgänge und Prozesse, so bedeutet Deskription darüber hinaus Geschehens- und Handlungsabläufe zu schildern und bei Personen gegebenenfalls Handlungsmotive und -konsequenzen skizzieren. In *Berichten* u. Ä. wird das Thema weitgehend deskriptiv entfaltet. Wegen meist geringer Persuasivität bleiben die deskriptiv geprägten Textsorten hier außerhalb der Betrachtung.

NARRATIVE Themenentfaltung bezieht sich auf Geschehens- und Handlungsabläufe, belässt es aber nicht bei Deskription ohne Höhepunkt und subjektive Akzentuierung, sondern liefert Spannungs- und Entspannungsmomente (Komplikationen und deren positive oder negative Auflösung), bei Personenbezug auch Typisierung und moralische Positionierung, oft in Form von Empathie mit ‚Opfern', Bewunderung für ‚Helden' und Antipathie gegenüber ‚Schurken' (vgl. van Dijk 1980, 140 f., Dürbeck 2018,13). In der politischen Kommunikation spielen erzählerische Momente eine wichtige Rolle, allerdings ohne spezifische Text- oder Redetypen auszubilden, sondern im Zusammenspiel mit überwiegend argumentativ ausgerichteten Rede- und Texttypen (s. Kap. 4.4.5).

EXPLIKATIVE Themenentfaltung besteht darin, mit

Anspruch auf Sachlichkeit und Objektivität Ursachen und Gründe von Sachverhalten zu klären (‚Erklären-Warum'). Prototyp ist die wissenschaftliche Erklärung. In Bereich der Politik werden Themen in *Gutachten, Enqueten* und gelegentlich auch in *Antworten auf parlamentarische Anfragen* über weite Strecken explikativ entfaltet.

Die primär explikativen Textsorten enthalten allerdings nicht selten auch argumentative Passagen oder oszillieren mit argumentativen Tendenzen, wenn auch offene Parteilichkeit und emotionales Involvement vermieden werden. Erklären-Warum und Argumentieren sind in logischer Hinsicht eng verwandt. Unter kommunikativem Aspekt stimmen sie partiell überein, insofern es in beiden um das Warum geht – allerdings mit dem entscheidenden Unterschied, dass im Falle von Argumentieren tatsächliche oder potentielle Strittigkeit des Argumentandums (= strittiger Sachverhalt) vorliegt, während das Explikandum (= zu erklärender Sachverhalt) beim Erklären-Warum unstrittig ist bzw. als unstrittig unterstellt wird (vgl. Klein 1987). In der Politik dient Erklären-Warum nicht selten dem Auffüllen von Argumentationsarsenalen.

Die bei weitem meisten und wichtigsten Rede- und Texttypen der Politik entfalten ihrem persuasiven Charakter ARGUMENTATIV. Hier eine Auswahl in alphabetischer Reihenfolge: *Abstimmungserläuterungen* (zu Volksabstimmungen), *Antragsbegründung, Debattenrede, Diskussionsbeitrag,* (parlamentarische) *Entschließung, Gesetzentwurf (Begründungsteil), Grundsatzprogramm, Memorandum, Petition, Protestrede, Protestresolution, Regie-*

rungserklärung, Stellungnahme, Volksbegehren/-initiative, Wahlrede, Wahlprogramm etc. Auch, wo Argumentation nicht immer prägend ist, fehlt Argumentation nie ganz.

4.4.2 Dominierendes topisches Muster

Quer über die Zeiten und über die unterschiedlichsten politischen Interessen und Ideologien folgt die Legitimierung politischen Handelns und politischer Forderungen weitgehend dem oben (Kap. 4.1.3) eingeführten komplexen topischen Muster

[*Datentopos* + *Valuationstopos* + *Prinzipientopos* + *Finaltopos*] → *Konklusion*

Es prägt die politische Rede kulturenübergreifend und von der Antike bis zur Gegenwart (vgl. Klein 1995, 33–45, Kuhlmann 1999, 118–124 (in abweichender Terminologie), Klein 2000, Klein 2003, Husar 2016, 57 ff.)
Vor allem in längeren Reden – z. B. Regierungserklärungen, Haupt-Debattenreden, Wahlreden – wird das topische Muster nicht selten durch weitere Topoi ergänzt. Wegen ihres unregelmäßigen Vorkommens können diese nicht zur Kernkonstellation des Musters gezählt werden. Die wichtigsten sind:

- *Konsequenztopos:* Warnender oder empfehlender Hinweis auf Konsequenzen (vgl. Kindt 1994, 472 ff.),

- *Ursachentopos* (als Ausdifferenzierung des Datentopos, vgl. Römer 2017): Spezifizierung von Ursachen und Gründen für die Ausgangssituation,
- *Exemplumtopos:* Anführen von Analogien und Beispielen,
- *Autoritätstopos:* Berufung auf eine Autorität. Vor allem in religiös-fundamentalistischen Kontexten pflegt die Berufung auf oberste religiöse Autoritäten, zuvörderst auf „Gott" selbst, allen anderen Topoi, auch dem Prinzipientopos vor- und übergeordnet zu sein (vgl. Klein 2016, 393 ff.).

Als Beispiel sei in Tabelle 4.4.2 (1) die Regierungserklärung der Bundeskanzlerin Merkel zur sog. ‚Euro-Rettung' vom 19. Mai 2010 angeführt (Plenarprotokoll Deutscher Bundestag 42/17, 19. Mai 2010, S. 4125 D–4131 B). Die Argumentation folgt dem topischen Muster, erweitert durch den Ursachen- und den Konsequenztopos. Merkel realisiert die meisten Topoi jeweils mit mehreren Argumenten. Als Konklusion führt sie etliche geplante und schon in Angriff genommene Maßnahmen auf. Tabelle 4.4.2 (1) enthält eine exemplarische Auswahl daraus.

Tab. 4.4.2 (1) Komplexes topisches Muster politischer Rede; Beispiel: Bundeskanzlerin Merkel (CDU) zur Euro-Rettung (Deutscher Bundestag. Protokoll 42/17 vom 19.5.2010, 4125D–4131B) (wörtliche Zitate kursiv)

Topos	Argumente
DATENTOPOS	*Turbulenzen an den internationalen Märkten; Europa steht am Scheideweg.*
URSACHEN-TOPOS	*Zu viele wettbewerbsschwache Mitglieder der Euro-Zone haben über ihre Verhältnisse gelebt und sind damit den Weg in die Schuldenfalle gegangen. Das ist die eigentliche Ursache des Problems.*
VALUATIONS-TOPOS	*Der Euro, der zusammen mit dem Binnenmarkt das Fundament für Wachstum und Wohlstand auch in Deutschland darstellt, ist in Gefahr.*
	Die gegenwärtige Krise ist die größte Bewährungsprobe, die Europa seit Jahrzehnten, ja wohl seit Unterzeichnung der Römischen Verträge 1957 zu bestehen hat.
KONSEQUENZ-TOPOS	*… scheitert der Euro, dann scheitert Europa.*
PRIZIPIEN-TOPOS	*… der erste Grundsatz: Wir helfen unter der Bedingung, dass sich der betroffene Staat zu umfassenden Eigenanstrengungen verpflichtet.*
	Zweiter Grundsatz: Wir helfen unter der Bedingung, dass wir über jeden Einsatz der Mittel selbst entscheiden, soweit es um bilaterale Mittel der Staaten geht.

➡

Topos	Argumente
FINALTOPOS	*Wir müssen zweierlei schaffen: die Bewältigung der akuten Krisensituation zum einen und die Vorsorge für die Zukunft zum anderen.*
	… eine neue Stabilitätskultur in ganz Europa.
	Favorisiertes Handeln
KONKLUSION	der *vorliegende Gesetzentwurf ‚zur Übernahme von Gewährleistungen im Rahmen eines europäischen Stabilitätsmechanismus'* (sog. ESM) u. A. mit folgenden *technischen Eckdaten: … Kredite in Höhe von 750 Milliarden Euro, die notfalls zur Verfügung stehen, … für die die Euro-Staaten anteilig bis zu 440 Milliarden Euro bürgen und Deutschland wiederum für 123 Milliarden Euro, gegebenenfalls 20 Prozent mehr …*
	Zahlreiche weitere begonnene und geplante Maßnahmen.

Neben der in Tabelle 4.4.2 (1) abgebildeten Hauptlinie der Argumentation entwickelt die Rednerin – mit Blick auf die oppositionelle SPD-Fraktion, deren Zustimmung sie benötigt – eine Nebenlinie zur Rolle der Finanzmärkte. Dort folgt sie ebenfalls dem komplexen topischen Muster:

DATENTOPOS: *Finanzmärkte* als *Brandbeschleuniger*.

VALUATIONSTOPOS: *Verhalten auf den Finanzmärkten* eine *existentielle Gefahr für die Finanzstabilität Europas, ja weltweit*.

PRINZIPIENTOPOS: *Primat der Politik* sowie *Staat* als *Hüter der Ordnung*.

FINALTOPOS: *zwei Ziele: erstens eine schärfere Regulierung und Aufsicht, zweitens eine verursachergerechte Lastenteilung* durch Beteiligung des *Finanzsektors an den Kosten der Krisenbewältigung*.

KONKLUSION: Handlungsperspektive: *gemeinsame europäische Haltung zu der Finanzbesteuerung ... Finanztransaktionsteuer gestern unter den Finanzministern schon diskutiert.* Zahlreiche weitere begonnene und geplante Maßnahmen.

So stabil die Konstellation der Topoi innerhalb des Musters ist, so wenig festgelegt ist die textinterne Reihenfolge. Ähnliches gilt für die Gewichtung. Topoi können intern gestaffelt sein (z. B. der Finaltopos in Ober-, Zwischen- und Unterziele) oder auch andere Formen interner Komplexität aufweisen (z. B. Ursache und Wirkung als Teile des Datentopos). Das ergibt sich vor allem in umfangreichen Argumentationen. Auf welchem Topos der quantitive u./o. qualitative Schwerpunkt liegt, kann je nach Situation, Intention, Rede- oder Texttyp variieren.

Falls etwa in kurzen Plenarreden im Parlament das Muster unvollständig bleibt, wird es durch Beiträge weiterer Redner derselben Fraktion durchweg komplettiert – es sei denn, ein Topos wird bewusst umgangen, z. B. weil man es für inopportun hält, die leitenden Prinzipien des eigenen Handelns offenzulegen.

Auch in *Schrifttexten* mittleren und längeren Umfangs, in denen politisches Handeln gefordert, begründet oder erklärt wird, dominiert das komplexe topische Muster: in den Begründungsteilen von Gesetzentwürfen, in Abstimmungserläuterungen zu Volksabstimmungen, in Parteimanifesten und -programmen, in Protestaufrufen ebenso wie in der Gründungserklärung von al-Qaida (vgl. Klein 2016, 110 ff., 176 ff. und 397 ff., Kranert 2018, Maataoui 2018). Auch in den Texten kämpferischer Frauen der Reformation strukturiert das Muster die Argumentation (vgl. Rademacher-Braick 2017: 422 ff.). Der bedeutendste durch das Muster geprägte Text ist die Präambel der UNO-Charta (s. Tabelle 4.4.2 (2))

Vor allem in kompakt formulierten Texten wie der Präambel der UNO-Charta erscheinen Topoi sprachlich nicht immer deutlich voneinander getrennt. Die Konstruktionsteile eines Satzes können sich auf mehrere Topoi verteilen. So enthält der erste Satz *(WIR SIND FEST*

Tab. 4.4.2 (2) Topik der Präambel der Uno-Charta (Quelle: https://www.unric.org/de/charta. Wörtliche Zitate kursiv)

Topos	Argument
DATENTOPOS	*Erfahrung zweier Weltkriege zu unseren Lebzeiten*
VALUATIONSTOPOS	*unsagbares Leid für die Menschheit durch Geißel des Krieges*
PRINZIPIENTOPOS	*Grundrechte des Menschen; Würde und Wert der menschlichen Persönlichkeit; Gleichberechtigung von Mann und Frau; Gleichberechtigung von allen Nationen, ob groß oder klein; Gerechtigkeit und Achtung ... des Völkerrechts; sozialer Fortschritt und besserer Lebensstandard in größerer Freiheit.*
FINALTOPOS	als ZWECKE: *künftige Geschlechter vor der Geißel des Krieges zu bewahren, die aufgeführten Prinzipien zu bekräftigen, Bedingungen für ihre Wahrung zu schaffen und sie zu fördern*
	Favorisiertes Handeln
KONKLUSION	als allgemeine Handlungskonzepte: • *Duldsamkeit zu üben und als gute Nachbarn in Frieden miteinander zu leben,* • *Unsere Kräfte zu vereinen, um den Weltfrieden und die internationale Sicherheit zu wahren.* • *Grundsätze anzunehmen und Verfahren einzuführen, die gewährleisten, dass Waffengewalt nur noch im gemeinsamen Interesse angewendet wird,* und • *internationale Einrichtungen in Anspruch zu nehmen, um den wirtschaftlichen und sozialen Fortschritt aller Völker zu fördern.*

➡

	Favorisiertes Handeln
KONKLUSION	*als konkretes Handlungskonzept:* • *Beschluss der Gründerstaaten, IN UNSEREM BEMÜHEN UM DIE ERREICHUNG DIESER ZIELE ZUSAMMENZUWIRKEN,* • *und zwar in der in den anschließenden Artikeln der Charta ausformulierten institutionellen Form.*

ENTSCHLOSSEN, künftige Geschlechter von der Geißel des Krieges zu bewahren, die zweimal zu unseren Lebzeiten unsagbares Leid über die Menschheit gebracht hat) mit der Infinitiv-Konstruktion *fest entschlossen, künftige Geschlechter ... zu bewahren* eine Zielsetzung (Finaltopos) und mit der Attribut-Konstruktion *Geißel des Krieges* sowohl den abwertende metaphorischen Begriff *Geißel* (Valuationstopos) als auch den Fakten-Begriff *Krieg* (Datentopos).

So omnipräsent das komplexe topische Muster in der politischen Rhetorik ist, so unterschiedlich kann die Gewichtung der Topoi sein – teilweise in Abhängigkeit von der Gattung. So findet sich in *Parteiprogrammen* stets das gesamte topische Muster, doch liegt in *Grundsatzprogrammen* der Schwerpunkt auf dem Prinzipientopos, während in *Wahlprogrammen* der Schwerpunkt meist nicht bei den topischen Argumenten, sondern bei der daraus folgenden Konklusion, dem favorisierten politischen Handeln, liegt.

4.4.3 Parlamentarisches Debattieren: Plenum, Fraktion, Ausschuss

Politische Debattenreden unterscheiden sich erheblich, je nachdem, ob sie im Rahmen von *Entscheidungsdebatten* oder im Rahmen von *Legitimationsdebatten* gehalten werden (vgl. Klein 2016, 139–155). Fraktionsdebatten sind meist Entscheidungsdebatten. In ihnen versuchen die Redner/-innen vor der Abstimmung, die am Ende der Debatte steht, möglichst viele Fraktionsmitglieder als Entscheidungsträger zur Stimmabgabe im Sinne der eigenen Position zu bewegen.

Parlamentarische Plenardebatten sind dagegen Legitimationsdebatten. Mit wenigen Ausnahmen ist das Abstimmungsverhalten zuvor durch Fraktionsbeschluss festgelegt. Das bedeutet: Debattenreden im Parlamentsplenum haben normalerweise keine Chance, vor der Entscheidung noch Stimmen zu bewegen.

Debattenredner/-innen in Fraktionssitzungen haben ausschließlich die Fraktionsmitglieder im Auge. Sie wollen dabei die einen zum ‚richtigen' Abstimmungsverhalten erst bewegen und die anderen in ihrer vorhandenen Bereitschaft dazu bestärken. Plenarredner/-innen dagegen interessiert das Plenum nicht als beeinflussbarer Abstimmungskörper – was es ja nicht ist – sondern als Resonanzboden für ein rhetorisches Gemeinschaftserlebnis mit der eigenen Fraktion und als Schauplatz verbaler Gefechtsübungen im Umgang mit dem politischen Gegner – damit auch als Profilierungsplattform für das eigene politische Fortkommen.

Da Fraktionen im Regelfall nichtöffentlich tagen, entfällt bei Fraktionsreden die Ausrichtung an Medien und anderen außerfraktionellen Adressaten weitestgehend. In der Fraktionsrede wird ein eher rücksichtsvoller verbaler Umgang mit der innerfraktionellen Gegenseite gepflegt. Gern werden die Miranda der Partei beschworen. Starkes emotionales Involvement wird bei wichtigen Themen akzeptiert. Widerspruch, soweit er Kollegen/-innen persönlich gilt, wird meist emotional moderat formuliert. Durch konzessives Argumentieren, das der Gegenseite zugesteht, akzeptable, wenn auch nicht durchschlagende Gründe vorzubringen, wird Schärfe vermieden. Wer Kolleginnen und Kollegen mit Schimpf- und Stigmawörtern belegt, wer auf sie mit Begriffen referiert, die diffamierende Inferenzen und Konnotationen provozieren, verscherzt sich die Chance auf breite Zustimmung. (Die skizzierten Merkmale der Fraktionsrede sind auch charakteristisch für Debattenreden auf Parteitagen).

Im Plenum gehört Gegnerschelte dagegen zum parlamentarischen Alltag. Der rüde Umgang mit der Gegenseite ist fast eine Garantie für Beifall von der eigenen Fraktion. Wenn solche mit dem Ausdruck von Entrüstung oder anderen starken Emotionen verbundene Sequenzen auch nicht den größten Teil der meisten Plenumreden ausmachen, so sind sie es, die am ehesten die Chance auf mediale Beachtung haben. Bei Zwischenrufen und Zwischenfragen als auch bei deren Beantwortung ist Schlagfertigkeit gefragt (vgl. Burkhardt 2004). Signifikant ist die Differenz in der Verwendung der Personalpronomina: *„Wir"* umfasst in Fraktionsreden meist auch die Gegenseite – eine oft nur taktisch motivierte Betonung von Gemeinsamkeit in der Fraktion. In Plenarreden dominiert dagegen das abgrenzende *„Sie"* für die parlamentarische Gegenseite.

Ein dritter Modus parlamentarischer Rhetorik kennzeichnet die Ausschussarbeit: der *Diskussionsbeitrag*. Die äußere Seite der Situation ist wichtig: ein Sitzungsraum ohne Rednerpult. In einer Reihe mit anderen Gremienmitgliedern redet man im Sitzen vom Platz aus. Das schließt lange Reden mit erhobener Stimme, ausladender Gestik und großem Pathos geradezu aus.

Relevantes zu erfragen oder auf den Punkt zu bringen, schnell zu erkennen, wo die Gegenseite sich bewegen könnte, ist in Ausschüssen gefragt. Sachorientierung, die Fähigkeit Positionen knapp und präzise zu erklären, gelegentlich witzig zu sein wird geschätzt. Verpönt sind der Ausdruck starker Emotionen sowie vorbereitete, ideologisch aufgeladene Beiträge. Verbissen konfrontativen Ton gibt es nur zwischen Angehörigen feindlich gesonnener Fraktionen. Öffentlichkeit ist in Parlamentsausschüssen die Ausnahme. ‚Zum Fenster hinaus zu reden', lohnt sich da nicht.

Häufig wird über Einzelheiten politischer Konzepte, insbesondere von Gesetzentwürfen diskutiert. Meist hat es Vorentscheidungen in den Fraktionen gegeben. Doch in Einzelfragen gibt es Spielräume. Dann kann Diskutieren in Verhandeln übergehen.

4.4.4 Exkurs zu Verhandlung und Kompromiss

Mit dem Interaktionsmodus ‚Verhandlung' bewegt man sich außerhalb des Areals der Rhetorik. Denn beim Verhandeln geht es nicht darum, das Gegenüber zu überzeugen, sondern darum einen Kompromiss zwischen unterschiedlichen Überzeugungen zu finden. Zwar spielt beim Verhandeln auch Argumentieren eine gewisse Rolle (vgl. Klein 2014, 257 f.). Doch das dient nicht der Begründung der eigenen politischen Überzeugung, sondern ist Teil des gemeinsamen Bemühens u./o. Ringens der Verhandelnden, Differenzen zu überwinden und gegebenenfalls einen Kompromiss zu finden.

Rhetorik spielt erst wieder eine Rolle beim ‚Verkaufen' eines Kompromisses. Da gelten für die Formulierung des Kompromisstextes zwei Grundsätze: Der Text sollte keine Seite als Verlierer aussehen lassen, und er sollte es den Angehörigen beider Seiten schwer machen, das Ergebnis als „Verrat" an der eigenen Sache brandmarken zu können (vgl. Hopfer 1995, 117f.). Dem dient u. A. die Doppelstrategie einerseits jeder Seite bestimmte symbolträchtige Begriffe zuzugestehen, andererseits aber besonders strittige Begriffe zu meiden oder auf unstrittige auszuweichen, z. B. indem kontroverse Unterbegriffe unter neutrale Oberbegriffe gefasst werden (vgl. Hopfer 1995, 129–138).

Standardtypen der Rechtfertigung eines Kompromisses vor der eigenen Gruppierung sind Werben um Verständnis, Betonung, dass man sich an die wichtigsten Grundsätze gehalten habe (Prinzipientopos), dass man zwar nicht alle, aber doch wichtige Ziel erreicht habe (Finaltopos), und dass ein Scheitern der Verhandlungen negative Konsequenzen gezeitigt hätte u./o. dass der erzielte Kompromiss positive Perspektiven eröffne (Konsequenztopos).

4.4.5 ‚Narratio'. Erzählen in politischen Texten und Reden

Während narrative Gattungen in der Literatur eine zentrale Rolle spielen (*Roman, Novelle* etc.), hat die Politik kein spezifisch narratives Genre ausgebildet. Auch die Kategorie „Narrativ" bezeichnet keinen Rede- oder Texttyp, sondern relativ unscharf abgrenzbare Elemente innerhalb multitextueller Diskurse (s. Kap. 4.6.3). Gleichwohl spielen narrative Textelemente als Bestandteile anderer, inbesondere argumentativ geprägter Text- und Redetypen eine wichtige Rolle. Sie vermitteln Anschaulichkeit, Lebendigkeit und Emotionalität.

Am ehesten kommt *Storytelling* gelegentlich in die Nähe vollständiger Texte. Ursprünglich Maketingstrategie in der Wirtschaft dient es in der politischen Kommunikation mit der Lieferung von biographischen Erzählstücken vor allem der Image-Bildung im Rahmen personenbezogener Kampagnen. Während sich die ‚Homestory' vor allem in Boulevard-Medien auf das Private konzentriert und ‚am Menschen hinter dem Politiker' interessiert ist, geht es beim Storytelling darum, Privates und Politik so zu verknüpfen, dass sich daraus ein stimmiges – für die Adressaten möglichst positives – Gesamtbild ohne Lücke zwischen Mensch und Politiker/-in ergibt. Das mögliche Themenspektrum spreizt vom besonderen Ereignis oder Lebensumstand bis zur Biographie. Die sprachlichen Formen reichen von knapper Erwähnung, die eine bekannte Story wieder wachruft, bis zu Mischungen aus Autobiographie und politischem Programm – stets in der Absicht als ‚authentisch' wahrgenommen zu werden.

Auswahl und Stil richten sich danach, in welche Richtung man das Image profilieren will. Ein Helden-Image bedarf der Dramatisierung, so z. B. als im Wahlkampf um die französische Präsidentschaft 2007 das „heroische Verhalten" des Kandidaten der Konservativen, Sarkozy, bei einer Geiselnahme während seiner Zeit als Bürgermeister von Neuilly als typisch für ihn herausgestellt wurde. In der Öffentlichkeit bekannte biographische Fakten, z.B eine überwundene Alkoholabhängigkeit oder beruflicher Misserfolg, begrenzen die Spielräume für die Personen-Inszenierung. Gern wird in solchen Fällen zurückgegriffen auf das biblische Motiv vom „Sünder, der Buße tut" und über den größere Freude herrscht als über „99 Gerechte" (Lukas 15.7). Im Falle von George W. Bush, dem erfolgreichen Kandidaten der Republikaner für die US-Präsidentschaft 2001, sollte es vor allen der evangelikalen Wählerschaft gefallen, dass Gott und die Familie es waren, die den Kandidaten einst gerettet hatten. (Vgl. http://www.faz.net/aktuell/feuilleton/geisteswissenschaften/politische-rhetorik-die-maerchen-der-macht-1754362.html)

Geschicktes Storytelling in unaufdringlicher Alltagssprache leistet Anschaulichkeit, Lebensnähe, Emotionalität und Moralität – je nach intendiertem Image auch Dramatik. Die narrative Oberfläche des Storytelling verstellt leicht den Blick für seine argumentative Hintergrundstruktur: Was über die Person erzählt wird, ist Grund, ihr zu vertrauen und sie politisch zu unterstützen – in Demokratien: sie zu wählen.

Erzählerische Elemente verleihen Reden und Texten Anschaulichkeit und Lebendigkeit. Abhängig von der Art des erzählten Geschehens und seiner Darstellung durch Emittenten vermögen sie die ganze Palette der Emotionen (s. Kap. 3.2.1) anzusprechen. Jeder Topos politischen Argumentierens lässt sich *narrativ füllen,* z. B. der Datentopos durch Skizzierung dramatischen Geschehens, oft medial gestützt durch Bilder, die eine Be-

4 Politische Rhetorik als sprachliches Handeln 145

wertung nahelegen (Valutionstopos) und zu politischem Handeln motivieren – etwa ein spektakulärer Brückeneinsturz, der eine parlamentarische Debatte über Gesetzesinitiativen zur engmaschigeren Überprüfung der Sicherheit von Autobahnbrücken veranlasst.

Die Ziele politischen Handelns (Finaltopos) lassen sich leichter rechtfertigen, wenn sie narrativ ausgemalt werden, auf kommunaler Ebene bspw. der Bau eines neuen Sportstadions durch Erzählungen vom baldigen Aufstieg des örtlichen Vereins in die oberste Liga.

Der Konsequenztopos ist der Ort, an dem vor allem im Rahmen von Kontra-Argumentation vor den Folgen politischen Handelns oder Nicht-Handelns gewarnt wird, z. B. beim Thema Klimawandel durch apokalyptische Darstellungen von Massenflucht aus neuen Wüstengebieten und versinkenden Küstenregionen.

Auch der normative Gehalt politischen Handelns (Prinzipientopos) lässt sich narrativ veranschaulichen. So unterstreicht Bundeskanzlerin Merkel (CDU) in ihrer Standard-Rede im Wahlkampf 2013 ihr Bekenntnis zu den Werten Europas, indem sie eine Reflexion darüber als Erlebniserzählung präsentiert:

Und als ich auch mal 'n bisschen verzweifelt über die Streitereien der Regierungschefs war, hab' ich mich gefragt: Was machst Du da eigentlich die vielen Stunden? Da hab' ich mir mal überlegt, worüber wir uns nicht streiten in Europa: Wir streiten uns nicht darüber, dass wir Demokratie haben. Wir streiten uns nicht darüber, dass wir Pressefreiheit haben. Wir streiten uns nicht darüber, ... Und diese Gemeinsamkeit, worüber wir uns nicht streiten, die ist unglaublich viel wert, wenn Sie mal daran denken, was in Ägypten, in Syrien und in anderen Ländern los ist. Das ist unser Europa, und das ist unsere Stärke." (www.youtube. com/watch?v=7—kmuylfLQ; letzter Zugriff am 28. 05. 2018).

4.4.6 Die ‚Große Rede': Gedenken, Protest, Vision

Sog. ‚Große Reden' sind politische Reden mit maximaler öffentlicher Resonanz und Anerkennung, gegebenenfalls von historischer Bedeutung. Emittent ist ein Spitzenrepräsentant des Staates, einer großen Partei oder einer erstarkenden Protestbewegung. Das Thema ist über den Tag hinaus von Bedeutung und relevant für das Selbstverständnis des Gemeinwesens. Die Rede findet in einer spannungsreichen Situation statt – oder in einer festgefahrenen, um einen Ausweg zu bieten. Sie ist entscheidungsrelevant u./o. setzt neue Prozesse in Gang. In Anlage, Formulierung und Ausführung genügt sie hohen formal-rhetorischen Maßstäben.

Selten sind Parlamentsreden große Reden in diesem Sinne. Im parlamentarischen Verfahren sind die Emittenten eingebunden in vorherige Verhandlungs- und Abstimmungsprozesse, die vor allem bei wichtigen Themen der Öffentlichkeit nicht unbekannt bleiben. Vielfach haben sich Akteure schon vor dem Auftritt im Plenum zum Thema öffentlich geäußert. Es fehlt daher an Spannungs-, Entscheidungs- und Überraschungsmomenten, die ‚Großen Reden' eigen sind.

Per Rede eine Art Selbstvergewisserung des Gemeinwesens stellvertretend zu leisten, bedeutet vor allem

Auseinandersetzung mit der Geschichte, mit den großen Konfliktlinien u./o. mit Zukunftsperspektiven. Als Beispiele dienen im Folgenden Reden von US-Präsident Lincoln, dem Repräsentanten der US-Bürgerbewegung Martin Luther King und dem französischen Präsidenten Emanuel Macron. Diese Reden sprengen zwar den Rahmen der Genrespezifik. Doch sind sie gleichzeitig musterhafte Beispiele der Gedenkrede (Lincoln), der Protestrede (King) und der visionären Staatrede (Macron). Die teils umfangreichen Texte können hier nicht abgedruckt werden. Sie sind im Internet leicht zugänglich. Die dortige Quelle ist angegeben.

Gedenkrede: Abraham Lincoln ‚*The Gettysburg Adress*‘ (http://www.abrahamlincolnonline.org/lincoln/speeches/gettysburg.htm; Bliss Copy)

Öffentliche Gedenkreden führender Vertreter des Staates thematisieren den (meist gewaltsamen) Tod von Menschen als Ereignisse von großer Bedeutung für Geschichte und Selbstverständnis des Gemeinwesens. Gedenkreden folgen dem Schema:

Benennung/Darstellung des Geschehens – Bewertung und Deutung des Geschehens – Mahnung Konsequenzen zu ziehen

Sprachliche Norm ist gehobener Stil mit deutlichem Anteil ethisch und expressiv wertenden Vokabulars, und der Verwendung des inklusiven, Redner und Adressaten verbindenden *Wir*. Kaum ein Redetyp ist so konsensorientiert wie die Gedenkrede. Dem Redner fällt die Aufgabe zu, Gefühle der Trauer, des Dankes, der Ehrfurcht oder der Bewunderung für diejenigen, derer die Gemeinschaft gedenkt, als Gefühle der Gemeinschaft zum Ausdruck zu bringen.

In Deutschland beziehen sich öffentliche Gedenkreden meist auf NS-Herrschaft sowie Ersten und Zweiten Weltkrieg, Zeiten, die mit Verbrechen und Niederlagen verknüpft sind, so die Rede des Bundespräsidenten von Weizsäcker am 8. Mai 1985 zum 40. Jahrestag des Zweite-Weltkrieg-Ende, die weithin als ‚Große Rede‘ gilt (s. Kap. 3.3.3.).

In Staaten mit weniger belastetem Verhältnis zu Kriegen wird Gedenken an die eigenen Gefallenen häufig zu ‚Heldengedenken‘. Das gilt auch für die berühmte *Gettysburg Adress* von US-Präsident Lincoln am 19. November 1863. Anlass ist die Einweihung eines Friedhofs für die auf Unionsseite Gefallenen der Schlacht von Gettysburg, die mitentscheidend war für den späteren Sieg der Unionsstaaten im Amerikanischen Bürgerkrieg. Lincoln sprach (im Anschluss an einen Hauptredner) nur zwei bis drei Minuten. Seine Rede ist thematisch kompakt und einsträngig. Für ihn steht der Sinn im Mittelpunkt, den er dem Tod auf dem Schlachtfeld zuspricht. Dabei nutzt er die Assonanz von *lives* und *live: those who here gave their lives that that nation might live.* Es ist eine Nation, deren welthistorische Bedeutung und Einzigartigkeit schon in ersten Satz betont wird: *Four score and seven years ago our fathers brought forth on this continent, a new nation, conceived in Liberty, and dedicated to the proposition that all men are created equal.* Denen, die für diesen Staat und seine Werte gefallen sind, gilt Lincolns Bewunderung und Verehrung, nicht Empathie.

Verdichtet wird die Rede durch sechsmalige Verwendung des religiös konnotierten Verbs *dedicate*. Es schlägt die Brücke zwischen den Gründervätern, den Gefallenen und den Lebenden. Der lange Schlusssatz enthält in anaphorischen Teilsätzen die Mahnung, der Tod der Gefallenen dürfe nicht vergeblich sein und die Lebenden seien in die heilige Pflicht genommen *(to be dedicated)*, weiter zu kämpfen für die Werte der Nation, mit der klassisch gewordenen Demokratie-Definition im letzten Teilsatz als Höhepunkt: *that government of the people, by the people, for the people, shall not perish from the earth.*

Die *Gettysburg Address* ist Gedenkrede, Feier der Demokratie als nationales Alleinstellungsmerkmal, und Kriegsrede zugleich. Sie hat beigetragen zum identitätsbildenden Mythos der USA. Als Spezifizierung des Rahmen-Narrativs vom gerechtfertigten, durch höhere Werte geadelten Soldatentod steht sie in einer Tradition, die vom altgriechischen Historiker Thukydides mit der ‚Gefallenenrede' des Perikles begründet wurde.

Protestrede: Martin Luther King ‚*I have a dream*' (https://www.archives.gov/files/press/exhibits/dream-speech.pdf)

Protestreden finden meist nicht nur außerhalb politischer Institutionen statt, sondern richten sich auch gegen diese. Handelt es sich um spontanen, unorganisierten Protest, so dominieren in Reden, Statements und Interviewbeiträgen starke negative Emotionen: Wut, auch Verzweiflung über die beklagten Zustände, Zorn oder gar Hass auf die dafür verantwortlich Gemachten. Organisiert sich Protest als Bewegung und tritt er ein in die Phase des Ringens und Verhandelns mit politischen Institutionen, ändert sich das – auch im Hinblick darauf, welche Gefühle man zum Ausdruck bringt und wie das zu verbinden ist mit politischen Perspektiven und Durchsetzungschancen. In dieser Situation befand sich Martin Luther King 1963.

Der Protest der Bürgerrechtbewegung in den USA gegen ‚Rassentrennung', sonstige Diskriminierung und Gewalt gegen Afroamerikaner erreichte mit dem „Marsch auf Washington" im Sommer 1963 ihren Höhepunkt. Den Abschluss bildete am 28. 8. 1963 die mit 250 000 Teilnehmern bis dahin größte Kundgebung in den USA und die erste im Fernsehen landesweit übertragene.

Die Hauptrede hielt der Baptistenpfarrer und Wortführer der Bürgerrechtsbewegung Martin Luther King an symbolischem Ort: auf den Stufen des ‚Lincoln Monument', hinter sich die Statue des US-Präsidenten, der 1862 die *Emancipation Proclamation* zur Abschaffung der Sklaverei unterzeichnete.

King steht er vor dem Problem der Mehrfachadressierung: zu seinen Füßen eine Viertelmillion überwiegend afroamerikanische Kundgebungsteilnehmer, an den TV-Bildschirmen ein weit größeres, überwiegend weißes Publikum. Er muss den Forderungen der Kundgebungsteilnehmer kraftvoll Ausdruck verleihen. Wenn der Auftritt aber mehr sein soll als wütendes Aufbegehren, wenn via Fernsehen neue Sympathien für die Positionen der Bürgerrechtsbewegung gewonnen werden sollen, wäre es

4 Politische Rhetorik als sprachliches Handeln 151

unklug, eine bloße Konfrontation Schwarz kontra Weiß zu modellieren. Daher unternimmt er den Versuch, Rassentrennung und Gewalt gegen Afroamerikaner in den USA leidenschaftlich anzuklagen und gleichzeitig der Idee eines Amerika ohne Rassenschranken solchen Glanz zu verleihen, dass sich auch die weiße Bevölkerung samt politischer Führung beeindrucken lässt.

Dem entsprechen die Emotionen, die er verbal und nonverbal zum Ausdruck bringt: kein Hass, keine Verzweiflung, doch Abscheu und Zorn gegenüber rassistischen Taten und Tätern, mehr noch Empathie mit den Afroamerikanern, die darunter leiden, dann Selbstgewissheit im Stellen der Forderungen an ‚America' und – vor allem im langen Schlussteil – Zuversicht und Begeisterung in der Vision einer rassismusfreien Nation.

Als dominierende Bezugsgröße, bei der die Verantwortung liegt, nennt er schon im ersten Satz *our nation,* später auch *America.* In starken Metaphern skizziert er die bedrückende Situation der Afroamerikaner. Drei Rollen füllt King im ersten Teil der Rede aus: Ankläger, Anwalt der Afroamerikaner und Prediger, der in heiligem Zorn *America* ins Gewissen redet: 100 Jahre nach der *Emancipation Proclamation* gilt: *the Negro still is not free.* Die Garantien ihrer Gründungsurkunden *(the unalienable rights of life, liberty and pursuit of happiness)* gewährt *America* den Afroamerikaner immer noch nicht. King veranschaulicht das an der Metapher des ungedeckten Schecks. Zwei normative Fundamente der USA – Verfassung und Kapitalismus – werden hier per Metapher verknüpft, um sinnfällig zu machen, wie sehr sich das Land an einem Teil des Volkes versündigt.

In der Mitte der Rede nimmt King die Rolle des Vorkämpfers ein, der deutlich macht, dass mit dem Marsch auf Washington der Kampf nicht beendet ist: *The whirlwinds of revolt will continue to shake the foundations of our nation until the bright day of justice emerges.* Der Kampf soll politisch bleiben. Er appelliert eindringlich, sich bei Protesten physischer Gewalt zu enthalten. Diesen Appell verknüpft er mit dem Rat, den weißen Amerikanern nicht generell zu misstrauen. Die Begründung dafür *(We cannot walk alone)* ist zugleich Werbung um Unterstützung durch die weiße Bevölkerung.

Die Zuversicht, dass der Kampf erfolgreich sein wird, leitet über zum mehr als ein Drittel umfassenden visionären Schlussteil der Rede. Jeweils beschwörend eingeleitet durch „I have a dream" skizziert der Redner mit Bezug auf zahlreiche Einzelstaaten Bilder brüderlich-schwesterlicher Nähe über die Rassengrenzen hinweg, z. B. *that ... in Alabama little black boys and girls will be able to join hands with little white boys and girls as sisters and brothers.*

Schließlich verlässt King den Rahmen der Symbolik privater Szenen und wechselt als äußerste Steigerung in den kulturellen Rahmen eines religiösen Enthusiasmus. Freiheit, Thema von Anfang an, wird zum Zentrum einer Apotheose, einer metaphorischen Vision von Amerika als einer Afroamerikaner, Euroamerikaner, ja die ganze Nation umfassenden Kirchengemeinde, die gemeinsam zunächst die inoffizielle Hymne der Euroamerikaner in der Tradition der Pilgerväter singt *(My country, 'tis of thee, sweet land of liberty)*, um dann unter dem Läuten von Freiheitsglocken ebenfalls gemeinsam *the old Negro spiritual* anzustimmen: *Free at last! Free at last! Thank God Almighty, we are free at last!*

King zieht alle Register rhetorischer Technik: dichte, emotional aufgeladene Metaphorik, Zitate und Anspielungen insbesondere mit Bezug auf das Alte Testament, dialogische Elemente, Kontrastfiguren, Parallelismus, Klimax, Zweier- und Dreierfigur. Ein Schwerpunkt liegt bei den Wiederholungsfiguren, Sie vermitteln Eindringlichkeit und Beharrlichkeit und markieren in Form vier- bis neungliedriger Anaphern die Topoi politischen Argumentierens:

- Datentopos: fortgesetzte Vorenthaltung der Bürgerrechte trotz Lincolns *Emancipation Proclamation:* 4 × *One hundred years later …*
- Valuationstopos: unbeirrtes Nicht-Akzeptieren dieses Zustands: 7 × *We can never be satisfied as long as …*
- Finaltopos: Markierung der Zielsetzung: 9 × *I have a dream …*
- Prinzipien- und Finaltopos: die Berufung auf die Grundwerte Amerikas und die Vision ihrer Realisierung, insbesondere der Freiheit, endlich auch für die Afroamerikaner: 9 × *Let freedom ring …*
- Konklusion: Handlungsforderungen zunächst an Politik und Gesellschaft, dann an die Protestierenden: Forderung nach sofortiger Realisierung der Verfassungsprinzipien: 4 × *Now is the time to …*, Mahnung zu Gewaltlosigkeit des Protestes: 5 × *We must …;* Aussendung der Teilnehmer in ihre Heimatstaaten in der Gewissheit einer künftigen Änderung der Verhältnisse: 5 × *Go back to …*

Der sachliche Schwerpunkt der Rede liegt bei den Handlungsforderungen zur sofortigen Durchsetzung der Bürgerrechte der Afroamerikaner. Ungenannter Bezugspunkt ist dabei das in der Kennedy-Administration in Arbeit befindliche Bürgerrechtsgesetz. Der rhetorische Glanz aber liegt auf dem Freiheitspathos, das zunächst weit zurückgreift in die Geschichte der USA, um dann als emotionaler Höhepunkt zum Zentrum der Vision eines Amerika zu werden, das die rassistisch bedingte Spaltung hinter sich gelassen hat.

Die Rede ist Protestrede, Freiheitsrede und visionäre Rede gleichermaßen. Sie trug mit ihrer öffentlichen Resonanz erheblich dazu bei, dass – trotz der Ermordung von Präsident Kennedy im November 1963 – das Bürgerrechtsgesetz mit wichtigen Verbesserungen der Situation der Afroamerikaner 1964 verabschiedet wurde. Die Rede besitzt fortdauernde politisch-ethische Wirksamkeit.

Visionäre Staatsrede: Emanuel Macron ‚*Initiative für Europa*‘
(https://de.ambafrance.org/Initiative-fur-Europa-Fur-ein-souveranes-geeintes-und-demokratisches-Europa; Französisch: http://www.elysee.fr/declarations/article/initiative-pour-l-europe-discours-d-emmanuel-macron-pour-une-europe-souveraine-unie-democratique/)

Der Begriff „Vision" wird primär medial verwendet. Er bezeichnet politische *Zukunftsentwürfe* – meist mit anerkennendem Unterton und in Abgrenzung zur ‚pragmatischen‘, auf die Regelung aktueller Fragen gerichteten Politik. Neben dem Zukunftsbezug werden der Vision weitere Merkmale zugesprochen:

- der Charakter einer *umfassende Lösung* für vorhandene oder sich abzeichnende schwerwiegende Probleme,
- die Forderung, diese Probleme unter dem Aspekt des Zukunftsentwurfs *unverzüglich und entschlossen anzugehen*.
- eine *herausragende politische Persönlichkeit* oder auch einige wenige als Schöpfer des Zukunftsentwurfs.

Die Charakterisierung eines solchen Entwurfs als ‚Vision' wird begünstigt durch Präsentation in einem ungewöhnlichen Rahmen u./o. an einem symbolischen Ort sowie durch einen die politische Alltagsrhetorik überragenden Sprachstil.

Diese Merkmale treffen auf Kings Rede zumindest im letzten Drittel zu. Allerdings lässt sich darüber streiten, ob das metaphorische Phantasma eines nicht-rassistischen Amerika als überdimensionale Kirchengemeinde dem Merkmal einer ‚umfassenden Lösung' entspricht. Erwartet man von einer politischen Vision, dass sie stärker am konkreten Handeln mit Bezug auf eine Zukunft ohne metaphorische Verklärung orientiert ist, so entspricht dem eher eine Rede, wie sie der französische Präsident Macron am 26. September 2017 in der Pariser Universität Sorbonne zur Zukunft Europas hielt *(Initiative für Europa)*.

Macron knüpft an ältere politische Visionen von Europa an, die auf dem Weg zur Verwirklichung ins Stocken geraten sind. Seine unmittelbaren Adressaten sind die

Zuhörer im Saal, darunter viel Studierende. Die wichtigeren Adressaten sind die allgemeine Öffentlichkeit, vor allem die politische Klasse Europas, der gegenüber Macron als neuer Präsident Frankreichs seine Position markieren will.

Zunächst wendet er sich der Institution zu, in der er spricht. Er parallelisiert die intellektuelle Tradition der Sorbonne mit *Europa* als *Idee, getragen seit Jahrhunderten von Vorreitern, Optimisten und Visionären*. Ausdrücklich knüpft er an die Vision der *Gründerväter* nach dem Zweiten Weltkrieg an, durch deren *Klarsicht ... dieser Jahrhunderte alte Kampf um die Vorherrschaft in Europa in eine brüderliche Zusammenarbeit umgewandelt* wurde.

Macron setzt mit seiner Initiative an bei der größten Gefahr, die er für die EU sieht: nach vielen Jahrzehnten der Zustimmung in der Bevölkerung eine zunehmende Verführungskraft von *Nationalismus, Identitarismus, Protektionismus und Souveränismus durch Abschottung* angesichts der Globalisierung. Er gibt der politischen Klasse eine Mitschuld, insofern *wir vergessen haben, Europa zu verteidigen*. Daher bedürfe es der *Neubegründung eines souveränen, geeinten und demokratischen Europa* mit dem Ziel, das derzeit *schwache* Europa stark zu machen.

Unter den Leitbegriffen *europäische Souveränität* und *Einheit* Europas werden Dutzende Einzelvorschläge entfaltet. Etliche sind neu. Ihre Durchsetzung ist keine Selbstverständlichkeit, z. B. ein eigenes Budget und einen Finanzminister für die EURO-Zone einzuführen. Daher werden sie in der Öffentlichkeit vielfach als *mutig* kommentiert.

Obwohl die Rede über weite Strecken den Charakter eines recht detaillierten Programms trägt, durchbricht der Redner den Katalogstil, wie er bspw. in Wahlprogrammen üblich ist. Jeden Themenbereich und beinahe jeden Einzelvorschlag unterfüttert er mit Begründungen, oft auch mit Appellen und Bekenntnissen. Ethisches und emotionales Involvement wird deutlich, z. B. in dialogischen Elementen, im Variieren und Kontrastieren – als Beispiel dafür eine Sequenz aus dem Bereiche *Digitales* zur *Besteuerung von Wertschöpfung dort, wo sie entsteht:*

Warum müssen wir darüber diskutieren? Weil ich zutiefst von dieser innovationsbasierten Wirtschaft überzeugt bin. Ich bin zutiefst von einer offenen Welt überzeugt, aber die offene Welt ist nur etwas wert, wenn der dabei stattfindende Konkurrenzkampf fair ist! Und wir können es nicht hinnehmen, dass europäische Akteure besteuert werden und internationale Akteure nicht, dass Akteure des digitalen Bereichs keinerlei Steuern zahlen und in Wettbewerb zu Akteuren der traditionellen Wirtschaft treten, die sie wiederum zahlen müssen!

Macron verankert seine Vorstellungen normativ in den *geistigen Traditionen des Kontinents* und in einer von ihm postulierten *europäischen Identität.* Er erstrebt mit ihnen *langfristige Ziele* für Europa, doch begonnen werden soll mit der *Umsetzung* seiner Vorschläge zur *Erneuerung Europas* sofort.

Macron stellt in der Rede selbst den Anspruch, *eine kohärente, ehrgeizige Vision zu präsentieren.* In der europäischen Öffentlichkeit wurde sie als solche auch wahrgenommen. Wie auch immer man sie politisch bewertet – alle Ingredienzien einer politischen Vision sind vorhanden.

4.5 Kampagnen

Wahlkampagnen sind komplexe, arbeitsteilige Gemeinschaftshandlungen, ausgerichtet auf das Ziel, bei der Wahl möglichst gut abzuschneiden. Sie werden geplant und gesteuert durch einen zentralen Akteur, meist eine Partei bzw. ihr Spitzenpersonal. Wahlkampagnen sind – im Unterschied zu Kampagnen gesellschaftlicher Organisation und zu Werbekampagnen von Unternehmen – Teil von Wahl*kämpfen,* d. h. gleichzeitig mit der eigenen Kampagne laufen die Wahlkampagnen der konkurrierenden Parteien und Kandidaten. Daher sind Wahlkampagnen nicht nur auf die Propagierung eigener Positionen und Kandidaten/-innen ausgerichtet, sondern auch auf die (stärkere oder schwächere) Abwertung der Konkurrenz. Als ‚negative campaigning' kann das sogar den Schwerpunkt einer Kampagne bilden.

Je größer die Kampagne, umso mehr Menschen, Kommunikatonsereignisse, Texte, Reden und Medienformate kommen zum Einsatz. Vieles, was dabei eine Rolle spielt, ist in den vorherigen Kapiteln behandelt worden. Das Besondere einer Kampagne besteht darin, dass diese Vielfalt auf ein Ziel ausgerichtet ist und wie aus einem Guss wirken soll. Dazu gehört

- personell die Profilierung der Kandidatin oder des Kandidaten,

4 Politische Rhetorik als sprachliches Handeln

- thematisch die Konzentration auf ein oder wenige Themen,
- textlich ein Claim (= Haupt-Slogan), in dem es gelingt, „die gesamte Kampagne brennpunktartig zusammenzufassen" (Radunski 1980, 100),
- visuell ein einheitliches Farb- und Formen-Design.

Entscheidend aber ist, Situation und politische Stimmung (vgl. Oberreuther 1987) der Wählerschaft so zu deuten und in die Kampagne hineinzunehmen, dass diese thematisch, emotional und personell den ‚Nerv' der Adressaten trifft. Für die Erfolgschancen sind mitentscheidend u. a. die eigene bisherige Rolle in der Regierung oder in der Opposition und die eigene ideologisch-programmatische Orientierung sowie die der relevanten Gegner.

Im Folgenden werden drei unterschiedliche Kampagnen-Typen am Beispiel jeweils erfolgreicher Wahlkampagnen (Obama 2008, Trump 2016, CDU/Merkel 2013) analysiert.

In Präsidialsystemen spielt Kandidatenpräferenz bei Wahlen meist eine größere Rolle als Parteipräferenz. Wahlkämpfe als Identifikationskampagnen anzulegen wird dadurch begünstigt. Identifikationskampagnen finden nicht selten aus der Opposition heraus statt. Erfolgsbedingung ist neben Wechselstimmung in der Wählerschaft ein charismatischer Kandidat.

4.5.1 Identifikation und Enthusiasmus. Die Obama-Kampagne 2008

Die erfolgreiche Kampagne Barack Obamas, des Kandidaten der Demokraten für die US-Präsidentschaftswahlen 2008, bietet dafür ein Musterbeispiel ebenso wie für die erste optimale Nutzung des Internets. Obama trat an vor dem Hintergrund großer Unzufriedenheit mit dem scheidenden Präsidenten G. W. Bush, einem Republikaner. Von Beginn an ist seine Kampagne durch Identifikationsrhetorik geprägt (Vgl. Klein 2016, 405–411): Als Basis der Gemeinsamkeit fungiert nicht etwa Obamas Demokratische Partei, sondern es wird eine ‚Bewegung', das *Movement for change* kreiert. Sie bildet die Bezugsgröße für das ‚inklusive' *We*, in dem *Barack* sich mit seinen Adressaten auf den verschiedensten Ebenen der Kampagne verbal als kollektive Einheit verbindet:

- Da sind die zentralen Slogans *Yes we can* und *Change we believe in.*
- Da sind die großen Wahlkundgebungen. Die Botschaft von *change* und *hope* bleibt zwar inhaltlich über weite Strecken eher vage, aber Obama vermag sie faszinierend vorzutragen. Er steht nicht auf einer Bühne frontal zum Publikum, sondern in der Mitte einer Arena als Zentrum einer Gemeinschaft, in der Kandidat und Adressaten am Ende im Sprechchor *Yes we can* geradezu verschmelzen.
- Da sind in den kurz zuvor entstandenen Sozialen Netzwerken des Internets die vom Kampagnenteam

gesteuerten Anregungen, wie *„we"* uns überall im Lande als Wahlkämpfer organisieren können.
- Da sind die E-Mails, die jeder erhält, der die Kandidaten-Homepage aus beliebigen Gründen anmailt: Millionen werden sogleich persönlich-vertraulich mit Vornamen angeredet: *Dear Susan.* Unterschrift: *Barack.* Wenn es um Obamas Politik und seine Kampagne geht, handelt es sich um *our campaign,* mit der *we,* also *Barack, Susan* und die anderen Mitglieder des *movement for change* dabei sind Geschichte, *history,* zu schreiben – eine Rhetorik der Vertraulichkeit und zugleich der großen Mission. Auch wenn Millionen die gleiche E-Mail von der Internet-Abteilung der Kampagne erhalten – dem Adressaten wird Bedeutung verliehen.

Obamas Kampagne war die erste, die das Internet in großem Stil nutzte. Wer Kontakt mit der Kandidaten-Website aufnahm, erhielt nicht nur in kurzen Abständen E-Mails im Stil privater Online-Kommunikation, sondern den Empfängern wurde auch darüber hinaus suggeriert, auf dem neuesten Stand zu sein, hinter die Kulissen zu schauen und dem Kandidaten nah zu sein. Das geschah in zahlreiche Links, die den Eindruck vermitteln, man bewege sich frei im Zentrum der Kampagne: Familienstorys des Kandidaten und seiner Frau, Kandidatenfotos und -videos, Kandidatenreden (schriftlich, auditiv oder als Video), die Positionen des Kandidaten zu zahlreichen Themen, Statements zum politischen Gegner und Rapid Response-, Blog-, Chat- und SMS-Angebote, Spenden-Adressen und Spender-Informationen, Werbemittel-Shop, Zielgruppen-Informationen, Spezifisches für Regionen, Kundgebungs-, Event- und andere Kampagnentermine etc.

4.5.2 Identifikation und Hass. Die Trump-Kampagne 2016

Eine – nicht selten unter populistischen Vorzeichen stattfindende – Variante der Inszenierung einer identifikatorischen Beziehung zwischen Emittent und Adressaten stützt sich auf die Ausnutzung der Wut von Bürgern über bestimmte Verhältnisse und Hass auf die dafür angeblich Verantwortlichen in Regierung und gesellschaftlicher Elite.

Obamas Nachfolger als US-Präsident betrieb 2016 eine solche Kampagne erfolgreich. Sie setzte bei der Erkenntnis an, dass Emotionen Cluster bilden. Nicht die einzelne Emotion ist von vorrangigem Interesse, sondern das Zusammenspiel selbst-bezogener, situations-bezogener und auf Andere bezogener Emotionen der Adressaten. So sind Minderwertigkeitsgefühle sich benachteiligt fühlender Gruppen (Selbstbezug) vielfach mit Deprimiertheit über Zustände (Situationsbezug) und mit Zorn auf dafür verantwortlich gemachte Personen/Institutionen/Gruppen (Bezug auf Andere) verbunden. Trump nutzte dieses Emotionscluster einerseits, um durch betont aggressive Auftritte, durch extreme Schwarzmalerei der Lage Amerikas, insbesondere der weißen Unter- und Mittelschicht, und – unterstützt durch teils verschwörungstheoretische Horror- und Falschmeldungen im Internet – durch Skandalisierung der Konkurrentin Clinton die Negativ-Emotionen zu Wut und Hass zu steigern und andererseits sich als Erlöser anzubieten, der seinen depravierten Adressaten *(America)* Hoffnung auf Besserung der Zustände und neuen Stolz auf Größe vermittelt. In den Slogans der Kampagne *Make America great again* und *America first* manifestiert sich die Transformation des Ausgangsclusters [Minderwertigkeitsgefühl + Deprimiertheit + Zorn] in ein Zielcluster, das Wut über Americas *desaster* und Hass gegen die Eliten im Allgemeinen und Hillary Clinton im Besonderen mit den Emotionen Stolz und Hoffnung und der Identifikation mit Trump als Heilsbringer verknüpft.

Nicht zuletzt unter rhetorischen Aspekten stellt sich die Frage, wie es einem Milliardär mit denkbar normwidrigem Benehmen und Reden gelingen kann, soviel Vertrauen vor allem bei Menschen aus unteren sozialen Schichten zu gewinnen, dass es für die Wahl zum US-Prädidenten reicht. Die Gründe sind sozialpsychologischer und soziolinguistischer Natur. Dazu kommen medienpsychologische Aspekte. Trump kann sich als angeblicher Selfmade-Milliardär als stark und politisch unabhängig inszenieren. Es ist praktizierte Identifikation mit den Milieus vieler seiner Adressaten, wenn er deren von den ‚Eliten' als minderwertig oder unkorrekt erachtete Kommunikations- und Sprachgewohnheiten pflegt. Trump wird das als authentisch abgenommen. Man kennt ihn so als TV-Star im Reality- und Trash-TV, wie es in eben diesen Milieus beliebt ist. Trump, das ist für viele der, der im Grunde so ist, so denkt und sich so benimmt wie wir – nur viel stärker und dazu unabhängig genug, um endlich etwas für uns und das (weiße) Amerika zu tun.

Das Spiel mit dem Hass, das Trump betreibt, erreichte in der Kampgne 2016 einen Höhepunkt, als er die sog. ‚E-Mail-Affäre' der demokratischen Kandidatin Hillary Clinton in den Wahlveranstaltungen dazu nutzte, seine Anhänger zu Sprechchören zu animieren, er solle (sobald er Präsident sei) Clinton ins Gefängnis werfen („Lock her up!"). (Quelle: https://www.washingtonpost.com/video/politics/trump-on-clinton-lock-her-up-is-right/2016/10/10/fd56d59e-8f51-11e6-bc00-1a9756d4111b_video. (Letzter Zugriff 22. 4. 2018))

4.5.3 Moderate Emotionen und Konfrontationsvermeidung. Die CDU-Kampagne 2013

Das beste Ergebnis aller Parteien bei einer Bundestagswahl nach der Jahrtausendwende erzielten CDU/CSU 2013 mit 41,5 % der Stimmen. Vorangegangen war eine Kampagne der CDU, die das *diametrale Gegenteil der Trump-Kampagne* darstellt. Die Kampagnenakteure gingen, gestützt durch demoskopische Umfragen, von einem hohen Maß an Zufriedenheit eines sehr großen Teils der Bevölkerung mit der eigenen – insbesondere wirtschaftlichen – Lebenssitutation aus. Die CDU stellte die Kanzlerin und legte die Kampagne als führende Regierungspartei an. Die Zustimmungswerte für die Bundeskanzlerin Merkel waren hoch. Sie lagen weit über denen des Kanzlerkandidaten der SPD Steinbrück. Vor diesem Hintergrund entschied sich die Union für eine Kampagne, die in emotionaler Hinsicht konsequent auf die *Dominanz ausschließlich moderater positiver Emotionen* setzte, die thematisch die *Fortsetzung des bisherigen Kurses* in Aussicht stellte und die diesen Kurs nicht nur als erfolgreich propagierte, sondern als *Gemeinschaftsleistung* von Volk, Bundeskanzlerin Merkel und CDU/CSU (Vgl. Klein 2018).

Bei der Gesamtausrichtung der Kampagne spielte die Kenntnis der frühen thematischen Festlegung der SPD auf den Schwerpunkt ‚soziale Gerechtigkeit' verknüpft mit der Warnung vor einer ‚Spaltung der Gesellschaft' eine wichtige Rolle. Die Union ließ sich darüber jedoch nicht auf eine Auseinandersetzung im Einzelnen ein, sondern zeichnete Deutschland pauschal als ein Land höchst erfolgreicher Gemeinschaftlichkeit. Die CDU lobte dabei nicht in erster Linie sich und die Bundeskanzlerin, sondern bezog stets die Gesellschaft als ganze und die sie tragenden Menschen ein.

Das geschah in einer stilstisch unauffälligen, eher blassen Werbesprache, die jedoch eine durchdachte politisch-semantische Struktur aufweist: Drei semantische Dimensionen werden profiliert: *Stärke, Leistung* und *Gemeinsamkeit/Zusammenhalt*. Über die Wahlkampftexte ergießt sich eine Fülle von Vokabeln mit den Begriffskernen

- *Stärke/stark* (bezogen auf *Deutschland, Wirtschaft, Euro etc.*),
- *leisten/Erfolg/erfolgreich* (bezogen auf *wir, Deutschland, Arbeitnehmer und Arbeitgeber* etc.) und

- *Zusammenhalt/gemeinsam* (bezogen auf *Deutschland, unsere Gesellschaft, Menschen mit ganz unterschiedlichen Lebensentwürfen und Wünschen* etc.)

Die dichteste Manifestation erfahren sie in salienten Formaten und Textelementen: Überschriften sowie Präambel/Eingangs-/Schlusskapitel des Wahlprogramms, Eingangs-/Schluss-Statement des TV-Duells, einleitender Grundsatzteil/Schlusssequenz der Wahlrede, Schlusssequenzen der Merkelschen Bundestagsreden während des Wahlkampfs, Großplakate, TV-Spot, Merkel-Homepage (text- und bildidentisch mit der Merkel-Broschüre). Dort sind die drei Dimensionen jeweils ohne Ausnahme präsent.

Strategischer Hintergrund für diese Framing-Priorität ist eine Art handlungslogisches Modell: Das Erreichen eines wünschenswerten Zustands (Stärke) ist an zwei notwendige Bedingungen gebunden: (1) Leistung, und da die Leistung von einer Großgruppe erbracht wird: (2) Gemeinsamkeit/Zusammenhalt. Sprachlich werden die drei Dimensionen eng verzahnt. Am kompaktesten geschieht das im Claim, dem intertextuell und intermedial verknüpfenden Identitätsmarker der Kampagne:

Gemeinsam erfolgreich.

Dabei hat *erfolgreich* an zwei Dimensionen Anteil: Stärke und Leistung. Den Erfolg reklamieren die Kampagnenakteure nicht für die Union allein, sondern konzeptualisieren ihn mittels des Adverbs *gemeinsam* als Kooperationsleistung von Volk, Regierung bzw. Union und Kanzlerin. Im Schluss-Statement des TV-Duells macht Merkel das besonders explizit: *Wir können das nur ge-*

meinsam schaffen, erfolgreich zu sein. Den TV-Spot beendet sie mit dem Satz *Gemeinsam schaffen wir das.* Das Wahlprogramm der Union enthält den Claim in erweiterter Form als Titel: *Gemeinsam erfolgreich für Deutschland.*

Das Framing der CDU auf der Makroebene modelliert eine Art deutsche Identität als kooperative Leistungsgesellschaft.

Emotional zielt die Kampagne auf Gemeinschaftsgefühl, und zwar auf einem moderaten Intensitätsniveau. Wäre das Gefühl mit starken Emotionen mobilisiert worden, hätte die Gefahr nationalistischer Überheblichkeit gedroht. Die Strategie, ganz auf moderate Emotionen zu setzen, zieht sich durch alle Seiten der Kampagne. Präsentation und Gestus der Kanzlerin sind auf Vertrauen und Sympathie angelegt, nicht auf Enthusiasmus. Moderat ist auch der emotionale Umgang mit dem politischen Gegner. Weder lässt sich die Partei programmatisch noch die Kanzlerin persönlich zur Konfrontation provozieren, die einen schwachen Gegner zum gleichwertigen Kontrahenten aufwerten würde. Typisch ist Merkels trocken abwiegelnde Antwort auf eine Frage im FAZ-Interview wenige Wochen vor der Wahl:

FAZ: *Hat es Sie erbost, dass der Kanzlerkandidat der SPD, Peer Steinbrück, Ihnen im Zusammenhang mit der Datensicherheit eine Verletzung Ihres Amtseids vorgeworfen hat?*
Merkel: *Nein. Das ist Opposition.*
Quelle: fazarchiv.faz.net/document?id=FAZN__201308 16_2535198#start. Letzter Zugriff am 28. 05. 2017

Dieser Konfrontationsvermeidung war in etlichen Medien eine Strategie der ‚asymmetrischen Demobilisierung' unterstellt worden, d. h. eine Strategie, die darauf setzt, dass aufgrund fehlender Konfronation zwar manche potentielle CDU-Wähler nicht zur Wahl gehen würden, dass dies aber noch deutlich mehr potentielle SPD-Wähler einlullen und vom Wahlgang abhalten würde. Die Tatsache, dass die Wahlbeteiligung hoch und unter den CDU-Wählern laut Infratest Dimap 1.25 Millionen vorherige Nicht-Wähler waren, zeigt, dass zumindest der erste Teil der Vermutung nicht stimmen kann. Denn das Wahlergebnis zeugt von außergewöhnlich hoher Mobilisierung von CDU-Wählern.

Beim Framing auf der mittleren Ebene (Einzelthemen) findet eine aufschlussreiche Änderung statt. Obwohl die Argumentation zur Euro-Rettung ansonsten in etwa die gleiche wie 2010 (siehe Tab. 4.4.2 (1)) geblieben ist, entfällt mit Beginn der Wahlkampagne Merkels oft wiederholter Satz: *Scheitert der Euro, scheitert Europa.* Auf eine so gavierende Gefahr hinzuweisen, passt nicht zur Wohlfühl-Kampagne. Stattdessen heißt es nun zur Euro-Politik: Europa hat *Reformen erfolgreich auf den Weg gebracht: den Rettungsschirm ESM, …*

Auf der Mikroebene des Begriffe-Framing ist der Umgang mit dem Zentralbegriff und Fahnenwort der SPD-Kampagne *soziale Gerechtigkeit* aufschlussreich. Es erschien aussichtslos, bei Verwendung des Begriffs die Konnotation seiner sozialdemokratischen Verankerung auszuschließen. Andererseits kann keine Partei den Begriff ganz aus ihrem Wortschatz tilgen. Dazu ist er für

Deutschland als Sozialstaat zu zentral. Zur Lösung des Problems wurden drei Operationen kombiniert:

1. Minimalübernahme: An ideologisch gewichtiger, aber kaum wahrgenommener Stelle, im Grundsatzteil des Wahlprogramms, wird der Begriff einmalig verwendet: *Die Soziale Marktwirtschaft verpflichtet zur sozialen Gerechtigkeit.*
2. Umgehung durch Konkretisierung: Statt *soziale Gerechtigkeit* den einschlägigen sozialpolitischen und anderen Einzelmaßnahmen des CDU-Programms als Oberbegriff – z. B. in einer Überschrift – vorzuordnen, wird auf einen Oberbegriff verzichtet und stattdessen auf die Zugkraft der schlagwortartigen Bezeichnungen für Einzelmaßnahmen wie *Mütterrente* und *tariflicher Mindestlohn* vertraut.
3. Diffundierende Bezeichnungskonkurrenz: Dem gegnerischen Fahnenwort und seinen Bestandteilen wird nicht ein bestimmter Begriff als Konkurrent entgegengesetzt, sondern sie werden weitgehend durch mehrere bedeutungsähnliche Wörter mal so, mal so ersetzt: *sozial* durch *anständig, sicher, verantwortungsvoll, ordentlich* und *gerecht* durch *fair, anständig.* Es ist der Versuch, Markenwörter aus dem Ideologievokabular der SPD in bedeutungsähnlichen, emotional positiven Allerweltswörtern zu ertränken. (Vgl. ‚Leitfaden für gute Sprache im Wahlkampf der CDU, S. 13).

4.6 Diskurse

4.6.1 Der Diskursbegriff

Als ‚Diskurs' wird die – u. U. gesellschaftsweite – öffentliche Behandlung eines Themas in (überwiegend) sprachlicher Form bezeichnet. Im Unterschied zur Kampagne gibt es weder einen zentralen zielbestimmenden Akteur noch einen durch Planung erzwingbaren Ablauf. Beteiligte Emittenten individuell zu identifizieren, ist vor allem bei zeitlich ausgedehnten und große Teile der Gesellschaft bewegenden Diskursen die Ausnahme. Möglich ist das fast nur bei Äußerungen politisch, gesellschaftlich oder themenspezifisch besonders relevanter Emittenten, und sinnvoll nur dann, wenn sie damit – etwa durch saliente Sätze (s. Kap. 4.3.3) – gravierend Einfluss auf Entstehung, Verlauf oder Abebben eines Diskurses genommen haben.

Aus rhetorischer Perspektive ist die Behandlung von Diskursen wegen der Schwierigkeit, Akteure individuell festmachen zu können, ein Grenzfall. Da Akteure aber stets in text- und redeübergreifenden Zusammenhängen – politischen wie sprachlichen – stehen, ist der Einbezug der Diskursebene unabdingbar. Die rhetorische Perspektive auf die Diskursebene erfordert einen deskriptiv-analytischen Zugang. Daher bleibt der politisch und ideologisch parteinehmende Zugang, wie ihn die Kritische Diskursanalyse in der Tradition von Norman Fairclough (1995) pflegt, hier außerhalb der Betrachtung, zumal in diesem Paradigma die sprachstrukturbezogenen Forschungsergebnisse der modernen Rhetorikforschung und der Politolinguistik – anders als in der Diskurslinguistik (vgl. Spitzmüller und Warnke 2011) – nicht oder nur lückenhaft aufgenommen worden sind.

In freien Gesellschaften pflegen Diskurse sich nicht einsträngig zu entwickeln. Perspektivische Unterschiedlichkeit auf das verhandelte Thema führt häufig dazu, dass Positionen und Argumente in einem Maße kontrastieren, dass es geraten ist, das diskursive Geschehen nicht als *einen* Diskurs zu behandeln, sondern als Diskurs und Gegendiskurs.

Anders als ein Satz oder ein Text besteht ein Diskurs nicht aus einer festen Menge sprachlicher Zeichen, sondern bezeichnet einen Prozess, in dem Sprachprodukte und neue Sprachproduktion ständig ineinander greifen und der schwer gegen andere Diskurse abgrenzbar ist, zumal sich Diskurse nicht selten überlagern (vgl. Girnth 1996). Der wissenschaftlichen Analyse ist ein Diskurs nur als Abstraktionsergebnis zugänglich – meist auf der Basis von Reduktion auf eine genügend große Anzahl sprachlicher Dokumente z. B. Medientexte, Parlamentstexte etc., die das sog. ‚Korpus' bilden (vgl. Niehr 2014, 32–44; Spitzmüller und Warnke 2011, 25–40). Bei deren Auswahl ist darauf zu achten, die stabilen Schwerpunktelemente einschließlich der zwischen ihnen bestehenden Relationen zu erfassen. Das sind die sprachlichen Bestände, die sich in der Auseinandersetzung mit einem Thema bei den Diskursakteuren durchgesetzt haben. Bei Analysen ist zu beachten, dass ein ausschließlich quantitativer Zugang zu einer Sammlung sprachlicher Diskursdokumente nicht ausreicht, weil mehr als die Frequenz sprachlicher Zeichen die Salienz (graphische oder stimmliche Hervorhebung, Platzierung, Emittentenstatus etc.) über ihre Relevanz im Diskurs entscheidet.

Unter dem Aspekt politischer Rhetorik ist die Kenntnis der diskursbestimmenden Strukturen wichtig, weil ohne sie weder eine angemessene Analyse noch eine qualifizierte Teilnahme an Diskursen – auf welcher Ebenen und mit welcher Intention auch immer – möglich ist. Von den für Diskursanalysen in Frage kommenden linguistischen Analysekategorien (vgl. Spitzmüller/Warnke 2011, 197–201) sind die wichtigsten: Begriffs- und Metaphernnetze, saliente Sätze, Argumentation, Narration/Narrativ. Die Kategorien ‚Begriffsnetz‘, ‚Metaphernnetz‘ und ‚salienter Satz‘ sind unter Hinweis auf ihre Funktion in Diskursen schon behandelt worden (Kap. 4.2. und 4.3.). Daher liegt die Konzentration im Folgenden auf Argumentation/Topik und Narration im Diskurs.

4.6.2 Argumentation im Diskurs: Topik-Konzepte

Politische Diskurse sind argumentativ bestimmt. Denn es geht meist um Ja oder Nein zu einer oder mehreren Fragen, die sich mit dem Diskursthema stellen. Eine Systematik in der Vielzahl der Argumentationen in den verschiedensten Texten und sonstigen Sprachbeiträgen lässt sich nur ermitteln, wenn man nicht bloß auf die einzelnen Argumente schaut, sondern wenn man nach Topoi sucht, d. h. nach Kategorien fragt, unter denen sich unterschiedliche Argumente sinnvoll als zusammengehörig subsummieren lassen. Darum bedeutet argumentationbezogene Diskursanalyse Toposanalyse.

In Kap. 4.1.3. wurde darauf hingewiesen, dass sich Topoi auf unterschiedlichen Abstraktionhöhen bestimmen lassen. In der auf Aristoteles zurückgehenden Tradition herrschen Topoi vor, die Argumente themen- und kontextunabhängig auf hohem Abstraktionsniveau zusammenfassen wie der Konsequenztopos oder der Autoritätstopos (vgl. Kienpointner 1992, Kindt 1994). Gemeinsamkeiten zwischen Argumenten, die es rechtfertigen, sie zu Topoi zusammenzufassen, gibt es auch auf niedrigerer Abstraktionsstufe. So hat Wengler zur Untersuchung des bundesdeutschen Migrationsdiskures und seiner Entwicklung in den 1970er und 1980er Jahren eine Typologie *„themen- bzw. kontextspezifischer Argumentationsmuster"* (Wengeler 2003, 277) auf induktive Weise aus einem Zeitungskorpus gewonnen. Die Topoi werden in Form generalisierter Bedingungssätze definiert, so z. B. der Gefahrentopos: *Weil eine politische Handlung/Entscheidung bestimmte gefährliche Folgen hat, sollte sie nicht ausgeführt werden/ist sie abzulehnen.* Unter diesen Topos werden alle Argumente subsummiert, die in einer politischen Handlung oder Entscheidung eine Gefahr sehen, sei es für oder gegen den Zuzug von Arbeitsmigranten (Wengeler 1997, 134).

Für die Zeitspanne 1970–1973 ergeben sich in der Reihenfolge ihrer Häufigkeit folgende themenspezifische Topoi:

- Nutzen-Topos,
- Gefahren-Topos

- Humanitäts-Topos
- Belastungs-Topos
- Gerechtigkeits-Topos
- Realitäts-Topos
- Finanz-Topos
- Zahlen-Topos
- Gesetzes-Topos
- Nutzlosigkeits-Topos
- Verantwortlichkeits-Topos
- Geschichts-Topos
- Kultur-Topos
- Beispiel-Topos

Zehn Jahre später (1980–1983) sind die Topoi mit einer Ausnahme dieselben, doch hat der Gefahrentopos den Nutzentopos vom Spitzenplatz verdrängt und der Finanz-Topos ist an die letzte Stelle gerückt (Wengeler 1997, 132 f.). Weil fast alle Topoi so definiert sind, dass sie offen für Pro und Kontra sind, ist aus solchen Listen der Gebrauchshäufigkeit von Topoi nicht klar zu erkennen, wie sich Befürwortung und Ablehnung von Migration in den jeweiligen Zeiträumen verteilen. Einen Überblick über kontextspezifische Topoi, die für den österreichischen Rechstpopulismus typisch sind, gibt Reisigl (2002, 185–196).

Das oben (Kap. 4.1.3.) eingeführte komplexe topische Muster zur Begündung politischen Handelns – bestehend aus Daten-, Valuations-, Prinzipien- und Finaltopos – ist insofern *kontextunabhängig*, als es für die Begründung politischen Handelns generell, d. h. unabhängig vom Thema gilt. Es prägt nicht nur die Argumentation in Reden und Texten (s. Kap. 4.4.2.), sondern auch Diskurse und Gegendiskurse. Römer (2017, 123) interpretiert die Funktion des komplexen topischen Musters im Diskurs als „Formation" im Sinne Foucaults, des ‚Vaters' der Diskursforschung.

Ein Beispiel bietet die gesellschaftsweite Kontroverse um die 2015/2016 sprunghaft ansteigende Zahl der nach Deutschland kommenden – überwiegend als *Flüchtlinge* bezeichneten – Migranten aus dem Nahen Osten und Afrika. Legt man die Stimmen der führenden politischen Akteure sowie der klassischen Leitmedien, in denen die Akteure zumindest mit ihren Kernaussagen zitiert werden, zugrunde, so stehen sich ein aufnahmefreundlicher Diskurs (in Abbildung 4.6.2 (1) als „Willkommensdiskurs" bezeichnet) und ein aufnahmekritischer Diskurs (in Abbildung 4.6.2 (2) als „migrationskritischer Gegendiskurs" bezeichnet) gegenüber. In beiden zeigt sich das komplexe topische Muster, ergänzt um drei der oben skizzierten weiteren Topoi (Ursachentopos, Konsequenztopos und Topos der Ausführungskompetenz). Zugrunde liegt ein Korpus bestehend aus den zwischen 31.8.2015 und 31.3.2016 lückenlos erfassten Artikeln zum Thema aus den Printmedien ZEIT, SPIEGEL, ‚Der Tagesspiegel' (Berlin), ergänzt durch einzelne online-Texte aus ‚faz.net', ‚taz.de' und ‚Tichys Einblick' sowie Bundestagsreden.

Im Rahmen von Diskursen tauchen Argumente nicht nur in umfangreicher Formulierung auf. Um deren Wirksamkeit und Erinnerbarkeit zu erhöhen, komprimieren die politischen Hauptakteure vor allem die *zentralen* Argumente häufig in Schlagwörtern oder markan-

Abb. 4.6.2 (1) Willkommensdiskurs*

DATENTOPOS: *Flüchtlinge* drängen in Massen nach Europa, insbesondere *nach Deutschland,* zunächst werden *800 000* bis Jahresende 2015 erwartet, später heißt es *mehr als 1 Million*. (Zuspitzung: Entscheidung der ungarischen Regierung *(Orban)* am *4. September* 2015, *Tausende Flüchtlinge* in Richtung Österreich/Deutschland zu transportieren.)
URSACHENTOPOS: *Krieg (Syrien, IS)* und *politische Verfolgung* (Naher/Mittlerer Osten, Afrika).
KONSEQUENZTOPOS: *Chance* auf Entschärfung des *demographischen Wandels* und des *Fachkräftemangels* in Deutschland.
VALUATIONSTOPOS: *Humanitäre Katastrophe* droht.
PRINZIPIENTOPOS: *Das Grundrecht auf Asyl für politisch Verfolgte kennt keine Obergrenze. Genfer Flüchtlingskonvention, Humanität* (aktuell 4./5.9.2015: *humanitärer Imperativ*), *Willkommenskultur.*
FINALTOPOS: Deutschlandintern: *Integration.* In Europa: *Faire Verteilung der Flüchtlinge* zwischen den *EU-Staaten.*
REALISIERBARKEITSTOPOS: *Wir schaffen das. Es wird jetzt deutsche Flexibilität gebraucht.* (Beide Sätze: Merkel. Sommerpressekonferenz am 31.08.2015).
KONKLUSION: *Flüchtlinge aufnehmen/willkommen heißen* – *ohne* Festlegung einer *Obergrenze*, zeitweilig *ohne Grenzkontrollen* und *Registrierung*.

* kursiv: Zitate aus Pressekorpus und von führenden politischen Akteuren

4 Politische Rhetorik als sprachliches Handeln

Abb. 4.6.2 (2) Migrationskritischer Gegendiskurs*

DATENTOPOS: *Flüchtlinge (Migranten,* darunter *Wirtschafts- bzw. Armutsflüchtlinge)* drängen in Massen nach Europa, insbesondere nach Deutschland *(mehr als 1 Million in 2015),* ohne dass die Bundesregierung wirksame *nationale Maßnahmen* gegen diese Entwicklung unternimmt. Nach *Köln* (= Übergriffe gegen hunderte Frauen durch als *Flüchtlinge* wahrgenommene junge Männer in der Silvesternacht 2015/16 am Kölner Hbf.): Betonung von *Realitäten:* bei den *Flüchtlingen* über 70 % *junge Männer* (erhöhte *Kriminalität*), *geringes Bildungsniveau, kulturelle Fremdheit (Islam).*
URSACHENTOPOS: *Kriege* (Syrien, IS), *politische Verfolgung,* Wunsch nach *besserem Leben* (Naher/Mittlerer Osten, Afrika)
KONSEQUENZTOPOS: *Ungebremst* ist der *Zustrom* von unabsehbaren *Millionen Flüchtlingen (Migranten)* zu erwarten.
VALUATIONSTOPOS: *Überforderung* und *Gefährdung der Stabilität* von Gesellschaft und Staat; *Verfassungsrechtliche Bedenken* (ehemalige Richter des Bundesverfassungsgerichts Papier (Präsident) und di Fabio, weitere Verfassungsrechtler); *Kapitulation des Rechtsstaats, Herrschaft des Unrechts* (Seehofer); *Kontrollverlust.*
PRINZIPIENTOPOS: juristische Ebene: *Kontrolle über Staatsgrenze* und *Kenntnis der Identität* Zuwandernder; strenge Anwendung von Recht auf *Asyl* und *Flüchtlings*status. Ebene des gesellschaftlichen Diskurses: *Kulturelle Identität.*
FINALTOPOS: Keine *Überforderung* von Gesellschaft und Staat! *Verfassungsrecht* voll in *Geltung* setzen!
FÄHIGKEITSTOPOS: Staat ist befugt und Bundespolizei in der Lage, die *Grenze* gegen unbefugte Zuwanderung zu *sichern.*
KONKLUSION: *Obergrenze* für die Aufnahme von *Flüchtlingen/Migranten, Grenzzentren, Abschiebungen* konsequent vollziehen; Ausweitung der Zahl der *sicheren Herkunftsländer;* sanktionsbewehrte *Integrationsverpflichtung* für *Asylberechtigte.*

* kursiv: Zitate aus Pressekorpus und von führenden politischen Akteuren)

ten Kurzsätzen. Das erleichtert es, die topische Statik eines Diskurses überschaubar darzustellen.

Zu Debatten und Diskursen gehören Widerspruch und Gegenargumentation. Vor allem in kontroversen politischen Diskursen steht – anders als etwa in der Logik – nicht die Widerlegung Punkt für Punkt im Zentrum. Vielmehr wird im Gegendiskurs dem Argumente-Gefüge des Diskurses ein *Gesamtpaket* gänzlich anderer Argumente entgegengesetzt. Exemplarisch gezeigt wird das am ‚migrationskritischen Gegendiskurs‘ (Abbildung 4.6.2. (2)) zum ‚Willkommensdiskurs‘ (Abbildung 4.6.2. (1)) in der Auseinandersetzung um die Flüchtlingspolitik der Jahre 2015/2016:

Die politische Handlungsforderung als KONKLUSION, auf welche die Argumentation im Gegendiskurs hinausläuft, steht in zentralen Punkten in diametralem Gegensatz zum Willkommens-Diskurs: Gefordert wird eine nationale *Obergrenze* für die Aufnahme von Flüchtlingen (und damit de facto für die Gewährung von Asyl sowie Schutz nach der Genfer Flüchtlingskonvention). *Obergrenze* wird rasch zum zentralen Symbol- und Schlüsselwort des Gegendiskurses – eine Zahl wurde zunächst nicht genannt, später seitens der CSU 200 000 pro Jahr. Weitere Handlungsforderungen: Einrichtung von „Grenzzentren" zur Erfassung der Ankömmlinge, *beschleunigte Abschiebung* Nicht-Asylberechtigter, Bestimmung weiterer Staaten als *sichere Herkunftsländer*, um die Zahl der Asylsuchenden zu verringern, sowie sanktionsbewehrte *Integrationsverpflichtung* für anerkannte *Asylberechtigte*.

Bei der argumentativen Stützung dieser Position finden sich die gleichen Topoi wie im Willkommensdiskurs, allerdings mit ganz anderen Argumenten belegt.

Neben dem Zusammenprall von Diskurs und Gegendiskurs als Gesamtpakete gibt es auch den direkten Widerspruch und Gegenargumentation zu den einzelnen Argumenten sowohl des Diskurses als auch des Gegendiskurses. Die dabei verwendeten Topoi können hier nicht im Einzelnen aufgeführt werden. Sie gehören sämtlich zu den Topoi des Gegenargumentierens, die in Kap. 4.1.4 behandelt wurden.

Die jüngste Entwicklung argumentationstopischer Diskursanalyse besteht in der *Kombination des kontextunabhängigen topischen Musters mit den kontextspezifischen Topoi* (Römer 2017). Darin fungieren die kontextunspezifischen Topoi des Musters als „Basistopoi". „Jeder Basistopos eröffnet wiederum einen Katalog kontextspezifischer Topoi" (Römer 2017, 123). Zusammen bilden sie eine „topologische Diskursformation" im Sinne Foucaults (Römer 2017, 123 und öfter). Auf dieser theoretischen Grundlage analysiert Römer unter Nutzung eines umfangreichen Print-Medien-Korpus die Diskurse zu Wirtschaftskrisen in Deutschland ab den 1970er Jahren. In Tabelle 4.6.2 sind Römers Ergebnisse für den Krisendiskurs, der 2003 zur Entscheidung der SPD/Grüne-Regierung für die ‚Agenda 2010' führte, zusammengefasst. Dabei verändert Römer den Referenzbereich des Datentopos, indem er den Ursachentopos als eigenen Basistopos ausgliedert sowie auf den Valuationstopos verzichtet und in den Datentopos einbezieht, „weil mit der Beschreibung von ‚Krisen' per se meist negative Situationsbewertungen einhergehen" (Römer

Tab. 4.6.2 „Topologische Diskursformation ‚Agenda 2010'"
(Römer 2017, 489)

Topologische Basisfunktionen	Kontextspezifische Topoi
DATENTOPOI	• düstere Gegenwartsdiagnose • düstere Zukunftsdiagnose • Stagnation • erreichte Grenzen/Überlastung
URSACHENTOPOI	• hohe Arbeitskosten • wuchernder Staat • überbordender Sozialstaat • Staats- und Politikversagen • Politikerversagen • stark regulierte Gesellschaft/Überregulierung • demografischer Wandel
PRINZIPIENTOPOI (auch ‚Topoi der Maxime')	• Gerechtigkeit • Eigenverantwortung • Subsidiarität
FINALTOPOI	• Wirtschaftswachstum • Arbeitsplätze • Zeitenwende • soziale Sicherheit • Konsolidierung • billige Arbeit/Rentabilitätsinvestitionen
KONKLUSION	Konsens über/Zustimmung zu Entscheidungen/Vorhaben/Maßnahmen: ‚Agenda 2010'

2017, 122 Anmerkung 48). Der Prinzipientopos firmiert bei Römer – ohne Änderung des Referenzbereichs – als ‚Topos der Maxime'.

Beim Vergleich der topologischen Diskursformationen verschiedener Wirtschaftskrisen werden Unterschiede und Übereinstimmungen zum einen im jeweiligen Katalog der kontextspezifischen Topoi, zum anderen in deren Verteilung auf die topologischen Basisfunktionen deutlich. Zwei Beispiele: (1) Während unter den Finaltopoi der Diskursformation zur Agenda 2010 keiner kapitalismuskritische Ziele impliziert, gehört der Topos ‚Kapitalismus Zügel anlegen' zu den vorrangigen Finaltopoi des Finanz- und Banken-Krisen-Diskurses 2008/2009. (2) Während Argumente und Schlagwörter des Topos der ‚Zeitenwende' im Diskurs, der 2003 zur ‚Agenda 2010' führte, finaltopische Funktion erfüllen (Motto: Deutschland braucht eine arbeitsmarktpolitische Zeitenwende), gehören die Zeitenwende-Argumente im Diskurs zur Finanz- und Bankenkrise 2008/09 zu den Ausgangsdaten (Motto: Diese Krise bedeutet eine Zeitenwende.). (Vgl. Römer/Wengeler 2013, 283 ff.)

4.6.3 Erzählung im Diskurs: Exemplum, Narrativ, Mythos

Diskurse enthalten stets narrative Elemente. Berichte über ethisch und emotional erregende Ereignisse setzen Diskurse vielfach erst in Gang, vor allem, wenn sie begleitet von dramatisierenden Bildern anschaulich werden. Die Art und Weise, wie Ereignisse erzählt werden, sind der Beginn der Einordnung in einen Deutungsrahmen, der im Diskurs voll entfaltet wird.

Narrative Elemente können im Diskurs dazu dienen, Ziele, Werte und Konsequenzen zu veranschaulichen – ähnlich wie in Reden und Texten (s. Kap. 4.4.5). Vor allem aber fungieren Narrationen im argumentativen Gefüge des Diskurses als Daten, die die Berechtigung, gegebenenfalls die Notwendigkeit des Handelns fundieren. So waren Berichte und Bilder von Krieg und Zerstörungen im Nahen Osten, von Not und Tod bei der Flucht über das Mittelmeer, über Verbrechen von Schleppern an Flüchtlingen und über neonazistische Anschläge auf Flüchtlingsunterkünfte im Sommer 2015 Anlass dafür, dass das Thema Migration und Flucht sich kommunikativ zum dominanten ‚Willkommensdiskurs' in Deutschland intensivierte und verdichtete. Es waren Berichte in den Medien, Erzählungen in Interviews von Betroffenen u. Ä. über massenhafte Übergriffe von Flüchtlingen auf Frauen am Kölner Hauptbahnhof in der Sylvesternacht 2015/2016 und von tagelangen Informationsblockaden auf Seiten der Behörden, die dann dem migrationsskeptischen Gegendiskurs erheblichen Auftrieb gaben.

Eine der wichtigsten Funktionen von Narrationen in Diskursen ist die Belegfunktion. Als rhetorisches Instrument dient dabei vor allem der *Exemplumtopos:* Was erzählt wird, soll als Beispiel für Allgemeineres, z. B. für positive Entwicklungen oder für einen Missstand, gelten. Das erzählte Ereignis wird so als Element einer gleichartigen Menge modelliert. Erzählen und Pauschalisieren hängen in Diskursen eng zusammen. Einen Extremfall bilden Verschwörungstheorien. Sie nähren sich, indem sie die unterschiedlichsten Ereignisse narrativ so zurichten, dass sie den Verschwörungszusammenhang bestätigen.

Bei Verallgemeinerung auf der Basis eines einmaligen Ereignisses muss damit gerechnet werden, dass der Versuch wegen des besonders offensichtlichen Fehlschlusses wenig erfolgreich bleiben wird. Die Stabilisierung von Diskurspositionen erfolgt daher vor allem über das Beibringen gleich gerichteter Narrationen, so im Integrationsdiskurs, einem partiellen Nachfolgediskurs des Willkommensdiskurses, in Form medialer Reportagen über Flüchtlinge in Arbeitsprozessen als Belege des Gelingens beruflicher Integration, und im migrationskritischen Diskurs in Form von Berichten über Gewalttaten von Flüchtlingen, insbesondere von jungen Männern gegen Frauen. Effekt der Stabilisierung und Perpetuierung von Diskursen per Exempla-Narration kann Stereotypbildung sein, hier vom fleißigen, den Arbeitsmarkt entlastenden Migranten einerseits und vom gewaltbereiten, sexualisierten arabisch-muslimischen jungen Mann andererseits.

Wenn Erzählungen für Diskurse mehr bedeuten als bloße Ausgangsdaten, als Beleg oder Beispiel, wenn sie die *normative und emotionale Bezugsachse eines Diskurses* bilden, dann wird dafür – vor allem im Feuilleton, in zunehmendem Maße auch in den Sozial- und Geisteswissenschaften, angeregt durch Lyotard (1979) – gern die Bezeichnung „Narrativ" verwendet.

Im politischen und gesellschaftlichen Diskurs dienen Narrative dazu, in der Komplexität der Fragestellungen eine sinnhafte

Ordnung zu vermitteln und dadurch das Publikum zu mobilisieren. Dabei sind insbesondere drei erzählerische Elemente wichtig: der Plot, dessen Logik den Kern der Handlung bildet; die Darstellung von Opfern, Problemverursachern („Schurken") und Problemlösern („Helden"), und schließlich die Moral der Geschichte. Im politischen Diskurs erzeugen Geschichten mit Opfern unser Mitgefühl oder unsere Wut, Geschichten mit Schurken unsere Empörung und Geschichten mit Helden unsere Bewunderung, Unterstützung und Nachahmung. (Dürbeck 2018, 13).

Narrative können uralt sein wie das oben (Kap. 4.4.6) erwähnte Rahmen-Narrativ ‚Heldentod' in Namen höchster Werte. Ausgefüllt wird dieser Rahmen unterschiedlich: als Tod für die Nation, für die Demokratie, für einen Herrscher, für Gott etc. In diesem Narrativ sind die Gefallenen gleichzeitig Opfer und Helden. Mitgefühl *und* Bewunderung sind herausgefordert und umso mehr der Zorn auf den Feind. Es dient der politischen ‚Moral', den Kampf weiter zu führen.

Narrative haben manchmal die Funktion, widrige Umstände zu erklären und von eigener Verantwortung abzulenken, so z. B. das Sündenbock-Narrativ, oft verknüpft mit Vorurteilen gegenüber Anderen.

Manche Narrative sind fast unentwirrbar mit der Argumentationsstruktur von Diskursen überlagert. Das trifft z. B. auf den globalen Klima-Diskurs und die fünf Anthropozän-Narrative zu, die Dürbeck (2018) in der Auseinandersetzung mit dem Problem der von Menschen induzierten steigenden Erderwärmung unterscheidet. Alle fünf Varianten bemühen sich, wenn auch mit unterschiedliche Schwerpunktsetzung, Ursachen u./o. Verantwortlichkeit für den forcierten Klimawandel seit dem Industrie- Zeitalter zu klären (Ursachentopos), den gegenwärtigen Zustand zu skizzieren (Datentopos), ihn als höchst alarmierend zu markieren (Valuationstopos), die Wertebasis (Prinzipientopos) zugleich als Ziel (Finaltopos) zu betonen (Überleben der Menschheit, gesunder Planet, ökologische Diversität), die Folgen sowohl ohne als auch mit Klimaschutzmaßnahmen zu prognostizieren (Konsequenztopos) und schließlich als Konklusion Handlungsempfehlungen zu geben.

Mythen:
Politische Mythen sind gesellschaftlich herausgebildete und tradierte narrative Konstrukte mit starkem historischem Bezug und identitätsbildendem Anspruch (vgl. Anderson 1983, Münkler 2009). Von erheblicher Bedeutung ist ein Mythos, der das nationale Selbstverständnis der USA weitgehend beherrscht und der in der Wissenschaft häufig als „Zivilreligion" bezeichnet wird. (Zum Folgenden vgl. Fischer/Vorländer 1993). Darin schreibt sich die USA die Rolle als Gottes *chosen people* zur Durchsetzung des Guten in der Welt zu – mit den Gründern als Stammvätern und Propheten, mit dem Gründungsjahr als Beginn einer quasi heilsgeschichtlichen Zeitrechnung, mit Unabhängigkeitserklärung, Verfassung und Bill of Rights als heiligen Schriften, mit den darin verkündeten Werten und Prinzipien als Heilsbotschaften und mit den hauptstädtischen Memorials für Washington und Lincoln sowie dem Soldatenfriedhof von Arlington als heiligen Stätten. Ritueller Höhe-

punkt ist die Zeremonie der Inauguration des neuen Präsidenten als Hohepriester des zivilreligiösen Mythos vor dem Capitol. Seine Rede dort ist nicht nur zentraler Teil des Mythos, der Mythos ist auch ihr Thema. Darum ist die ‚Inaugural Address' ein anderes politisches und rhetorisches Ereignis als die Regierungserklärungen neuer Regierungschefs anderer Staaten.

5
Ethik und politische Rhetorik

5.1 Universalistische Kommunikationsethik vs. partikularistische Zweckrationalität

Wenn die Maximen der in Kap. 3.1. erläuterten beiden Rationalitätkonzepte, die universalistische kommunikative Rationalität und die partikularistische, auf die eigenen Vorteile ausgerichtete Zweckrationalität, in Konflikt geraten und Emittenten sich auf Kosten ersterer für letztere entscheiden, handeln sie sich ein kommunikationsethisches Problem ein. Aus (partei)egoistischen Gründen gegen Wahrhaftigkeit, sachliche oder normative Fundiertheit, Relevanz, Informativität oder Klarheit zu verstoßen, gilt als unethisch. Unter dem Aspekt politischer Rhetorik ist wichtig, gegen welche kommunikationsethischen Maximen wie verstoßen wird und ob der Verstoß offen erfolgt oder versucht wird ihn zu kaschieren.

5.2 Offener Verstoß gegen die Kommunikationsethik oder: Einführung in populistische Rhetorik

Emittenten sind kommunikationethisch gefordert, sich wahrhaftig, sachlich und normativ wohlbegründet, zum Wesentlichen, informativ sowie klar und verständlich zu äußern. Politische Akteure, die gegen diese Gebote verstoßen, gehen das Risiko ein, sich bei Adressaten unbeliebt zu machen. Daher liegt es nahe, solche Verstöße zu vermeiden, zu minimieren oder zu kaschieren.

Dennoch gibt es Konstellationen, in denen politische Akteure sich nicht scheuen, solche Verstöße offen zu begehen – meist in der Überzeugung, dass ihr Anhang das begrüßt. Beispiele für gravierende offene Verstöße liefern vor allem Rechtspopulisten. Das wundert nicht; denn zum rechtspopulistischen Geschäftsmodell gehört Provokation mit möglichst großer öffentlicher Wirkung. Die erreicht man, indem man in relevanten Angelegenheiten gut fundierte Überzeugungen attackiert, vornehmlich solche, die moralisch aufgeladen sind und – tatsächlich oder angeblich – zum Allgemeingut der sog. *Eliten* gehören. Die einsetzende öffentliche Empörung über den Provokateur verleiht ihm bei seinen Anhängern, auch den potenziellen, das Image des mutigen Tabu-Brechers. Die Beispiele dafür lesen sich wie eine Einführung in die Rhetorik des Rechtspopulismus:

Wahrhaftigkeit:
Kurz nach Amtsantritt des US-Präsidenten Trump 2017 versuchte dessen Pressesprecherin unwahre Behauptungen Trumps weder zu entschuldigen noch umzuinterpretieren, sondern ließ sie unter dem Begriff *alternative Fakten* kaltschnäuzig stehen. Auch die Praxis sich innerhalb sehr kurzer Zeit zum selben Sachverhalt gegenüber denselben Adressaten gegensätzlich zu äußern, gehört zu den offenen Verstößen gegen das Wahrhaftigkeitsgebot.

Sachliche Fundierheit:
Die (von Grice als Untermaxime der Wahrheitsmaxime bezeichnete) Norm, sich sachlich wohlbegründet zu äußern, impliziert einen Wahrheitsbegriff, der die Wahrheit von Behauptungen an die Bedingung knüpft, gut begründet und überprüfbar zu sein. Dies ist beim Klimawandel der Fall. Daher handelt es sich bei der vor allem von Rechtspopulisten wie US-Präsident Trump und der AfD propagierten Behauptung, es gebe den Klimawandel nicht oder – sofern man das naturwissenschaftlich bewiesene Faktum anerkennt – er sei nicht menschenverursacht, um einen offenen Verstoß gegen das Gebot, wahr im Sinne von sachlich fundiert zu reden.

Normative Fundiertheit:
Zu den normativen Fundamenten westlicher Demokratien gehören sowohl die Würde der Person als auch die Rolle des Staatsvolks als oberster Souverän. Daher handelt es sich um offene Verstöße gegen die normativen Grundlagen des Gemeinwesens, wenn der Vorsitzende der AfD Gauland empfiehlt, die türkischstämmige

deutsche Ministerin Özoguz *in Anatolien zu entsorgen,* und mehr noch, wenn er die Rolle von Volk und Partei vertauscht und am Abend der Bundestagswahl 2017 sich und seine Partei zum potenziellen Souverän über Deutschland aufschwingt und das Volk zum Objekt herabstuft, indem er ausruft: *Wir werden uns unser Land und unser Volk zurückholen!*

Relevanz:
Das Selbstverständnis eines Gemeinwesens ist in hohem Maße durch sein Geschichtsbild geprägt. Die Einordnung der Daten dieser Geschichte folgt einer Relevanzordnung. Über wenig ist man in Deutschland und darüber hinaus, insbesondere auch unter Experten – Historikern, Völker- und Strafrechtlern, Politikwissenschaftlern u. A. – so einig wie darüber, dass die NS-Verbrechen, insbesondere der Holoaust, einen Zivilisationsbruch und ein epochales Menschheitverbrechen darstellen und dass die NS-Zeit allein schon wegen Art und Größenordnung der Verbrechen einen wichtigen Platz in der deutschen Geschichte einnimmt. Daher ist Gaulands Satz *Hitler und die Nazis sind nur ein Vogelschiss in über tausend Jahren erfolgreicher deutscher Geschichte* ein offener und spektakulärer Verstoß gegen die Relevanznorm.

Klarheit (Eindeutigkeit):
Offen zweideutig zu formulieren, so dass man nicht auf eine Lesart festgelegt werden kann, wird als ‚kalkulierte Ambivalenz' bezeichnet. Akteure, die der Festlegung auf verfassungswidrige Formulierungen entgehen oder

die durch Provokation Aufmerksamkeit erzielen wollen, verstoßen eklatant gegen die Eindeitigkeitsnorm – so der AfD-Politiker Höcke mit der Bezeichnung des Berliner Holocaust-Denkmals als *Denkmal der Schande*. Die grammatische Mehrdeutigkeit des Genetivs lässt sowohl die rechtsextreme Lesart zu, das Denkmal sei eine Schande, als auch die nicht-rechtsextreme, mit dem Denkmal werde an die Schande erinnert, die der Holocaust für Deutschland bedeutet.

Informativität:
Der offene Verstoß gegen die Norm, Adressaten situationsangemessen zu informieren, ist die einzige Sünde gegen Gebote der Kommunikationsethik, bei der der Rechtspopulismus nicht dominiert. Es abzulehnen, über einen Vorgang zu informieren, stellt eher eine Schweige- als eine Sprachstrategie dar. Gelegentlich wird der Streit darüber sogar vor Gericht ausgetragen. Nicht selten begegnet man, vor allem in Interviews, der Verweigerung einer Antwort, etwa auf die Frage, wen man in einer parteiinternen Wahlkampagne unterstützen wolle. Wenn Versuche, Informationzurückhaltung zu kaschieren, misslingen, weil die Ausführungen zu redundat, die Allgemeinplätze zu platt und die Ablenkungsversuche zu durchsichtig sind, wird der Verstoß gegen das Informativitätsgebot offensichtlich, und das Stereotyp vom Politiker, der ‚viel redet, aber wenig sagt' wird bestätigt.

5.3 Kaschieren

Politische Akteure müssen damit rechnen, mit gravierenden kommunikationsethischen Verstößen relevante Adressaten zu verärgern, Medien Anlass für Kritik und Gegnern für Attacken zu liefern. Darum ist der Normalfall nicht der offene Verstoß, sondern der Versuch, den Verstoß zu kaschieren. Um Verstöße zu erkennen, ist es notwendig, die Kaschierstrategien zu durchschauen.

Wer zu Kaschierstrategien greift, setzt meist auf suggestiv wirkende sprachliche Operationen, spekuliert auf die Grundüberzeugungen und Gewohnheiten der Adressaten, kalkuliert die Begrenztheit von deren Aufmerksamkeit, Wissen und Kritikvermögen ein und entwickelt Hypothesen über die Reaktionsdynamik (Gewöhnungsbereitschaft, Vergesslichkeit u. Ä.) der Adressaten unter Medienbedingungen (schneller Agenda-Wechsel, Flüchtigkeit der Sprachrezeption bei Bewegtbild-Medien u. Ä.). Häufig genutzte Kaschier-Praktiken sind:

- bei Verstoß gegen das *Wahrhaftigkeitsgebot:* Konzentration auf Teilwahrheiten; Unwahres suggerieren statt explizit behaupten; Erinnerungslücken vorgeben u. Ä.
- bei Verstoß gegen das *Fundiertheitsgebot:* an Stereotype anknüpfen; Alternativlosigkeit oder Evidenz behaupten; Beweislast verschieben; Ausspielen von Quantität gegen Qualität; Argumentations-Topoi zum Verdecken logischer Schwächen nutzen (Pauschalisierung von Einzelfällen, unangemessene monokausale Erklärung, schiefer Vergleich, Verwechseln

von Teil und Ganzem, Berufung auf Pseudo-Experten u. Ä.
- bei Verstoß gegen das *Relevanzgebot:* Begriffe, z.B Metaphern und Euphemismen, verwenden, die von zentralen Negativaspekten ablenken; unangenehmes Thema unauffällig verschieben; Ablenken durch Elemente symbolischer Politik u. Ä.
- bei Verstoß gegen das *Informativitätsgebot:* Bekanntes oder Unbedeutendes mittels bedeutsam klingendem Vokabular oder anderen Gewichtigkeitsattitüden als relevante Neuigkeit suggerieren; Information in Aussicht stellen und auf Vergesslichkeit der Adressaten setzen; Informationsdefizite durch Floskeln, Allgemeinplätze, witzige Elemente überdecken u. Ä.
- bei Verstoß gegen das *Klarheits-* und *Verständlichkeitsgebot:* inhaltliche Unklarheit durch vertraut klingende Begriffe überdecken; Unverständliches mit Hinweis auf Experten oder ‚neueste Forschungsergebnisse' als angebliche Quelle rechtfertigen; durch mündliche oder graphische Gliederungssignale den Eindruck von Klarheit erwecken; durch Markigkeit und geschicktes Formulieren einer Ankündigung überspielen, dass sie Operationsspielräume offenlässt; Formelkompromiss schließen u. Ä.

5.4 Diskriminierungsfreie Sprache: PC – Antipode rechtspopulistischer Rhetorik

Die Bewegung zur Durchsetzung einer *politisch korrekten Sprache* wendet sich gegen *diskriminierende und herabwürdigende Sprache* (Stefanowitsch 2018). In einen größeren kommunikationsethischen Zusammenhang gestellt, bedeutet das, dagegen zu kämpfen, über Personen(gruppen) sachlich und normativ unfundiert zu reden. Bezugsgegenstand sind im Wesentlichen Wörter. Als Maßstab für korrekte Sprache ist die Perspektive der betroffenen Personengruppe gewählt. So wird der Begriff *ausländerfeindlich* als sachlich unzutreffend gerügt, weil, z. B. in Deutschland, die Feindschaft, von der hier die Rede ist, im Migrationsdiskurs nicht nur Ausländern, sondern in hohem Maße auch in Deutschland geborenen Personen mit deutscher Staatsbürgerschaft – also Inländern – gilt, sofern sie ‚Migrationshintergrund' haben. In dem Wort wird also die Perspektive derer eingenommen, die in *feindlicher* Haltung alle Personen als *Ausländer* kategorisieren, die nicht dem Konstrukt einer alteingesessenen ‚biodeutschen' Stammethnie zugerechnet werden. (Vgl. https://www.neuemedienmacher.de/wissen/wording-glossar/)

Bemerkenswert ist der Verschleiß anfänglich als politisch korrekt favorisierter Bezeichnungen für Migranten, die Aufenthalt in Deutschland nach dem Asylartikel des Grundgesetzes oder der Genfer Flüchtlingskonvention suchen, seit etwa 1990. Beginnend mit der zunächst als unproblematisch erachteten, aus dem 19. Jahrhundert stammenden Bezeichnung *Asylant* (in Nachbarschaft von *Emigrant* und *Immigrant*) meinten einige frühe PC-Aktivisten, das Wort stehe in einer Reihe mit den abwertenden Bezeichnungen *Querulant* und *Bummelant* (vgl. Strauß/Haß/Harras 1989, 86). Sie machten es mitverantwortlich für Verbrechen an Gastarbeiterfamilien und Migranten in den frühen 1990er Jahren. Journalisten und Politiker verbannten das bis dahin unschuldige Wort bald aus ihrem offiziellen Wortschatz (vgl. Klein 1997). Rasch wurde es zunächst durch das ‚korrekte' *Asylbewerber* ersetzt. Als man meinte, auch an dieser Bezeichnung ungünstige Konnotationen zu entdecken, folgte *Asylsuchende.* Innerhalb von 20 Jahren ergibt sich bis 2018 folgende Reihe

Asylanten → *Asylbewerber* → *Asylsuchende* → *Flüchtlinge* → *Geflüchtete/Schutzsuchende.*

Jede dieser Bezeichnungen wurde zunächst als politisch korrekter als die vorherige protegiert und dann wieder verlassen, als PC-Aktivistinnen und Aktivisten Diskriminierendes an ihr zu entdecken glaubten.

Die Kritik normativ unfundierter Begriffe von erheblicher öffentlicher Relevanz steht im Mittelpunkt der Bemühungen der Jury zur Wahl des ‚Unwortes des Jahres'. Das Augenmerk gilt vor allem *Euphemismen,* die Schreckliches verharmlosen, und *Dysphemismen,* die Wichtiges und Wertvolles pauschal diffamieren. So lenkt der während der Jugoslawienkriege viel benutzte Euphemismus *ethnische Säuberung* (Unwort 1992) von Verbrechen gegen die Menschlichkeit ab, indem die gewaltsame, mit

Brandschatzung, Vergewaltigung und Mord ins Werk gesetzte Vertreibung großer Menschengruppen per Metapher in die Vorstellung der Beseitigung von Schmutz *(Säuberung)* transferiert wird. 2014 wurde der Dysphemismus *Lügenpresse* als Unwort gewählt, um darauf aufmerksam zu machen, dass mit dem Begriff ein für das Funktionieren von Staat und Gesellschaft höchst relevanter Akteursbereich pauschal und ohne plausible Beweisführung diffamiert wird.

Die unter dem Kampfbegriff ‚Political Correctness' geführten Debatten sind primär gesellschaftliche Auseinandersetzungen, betreffen aber die politische Rhetorik, wenn bspw. in Berlin für die Kommunikation in und mit der Landesregierung und ihren Behörden ‚geschlechtergerechte Sprache' vorgeschrieben ist (vgl. https://www.berlin.de/.../flyer_geschlechtergerechte_sprache.pdf).

Das bedeutet insbesondere die Verwendung ‚gegenderter' Personenbezeichnungen *(Lehrer*innen)* mit der Begründung, das generische Maskulinum (*Lehrer* als Bezeichnung für Lehrpersonen jeden Geschlechts) marginalisiere Frauen und Personen, die sich weder als Mann noch als Frau definieren, d.h. die Verwendung des generischen Maskulinums würde höchst Relevantes unterschlagen und sei daher sachlich nicht fundiert.

Abgesehen von der linguistischen Fachdebatte über das generische Maskulinum gibt es zwei für Emittenten relevante Einwände gegen konsequentes Gendern:

(1) Textökonomie und Textästhetik. Sobald man die Ebene des Einzelwortes verlässt und Texte schreibt,

entstehen Sequenzen wie die folgende: *Der*die neue Mitarbeiter*in, der*die Anfang September als Assistent*in der*des Ausschussvorsitzenden*den bei uns anfangen soll, ist nicht zu beneiden. Vielleicht sollte man ihn*sie, sobald er*sie da ist, vor Müllers Pedanterie warnen.*

(2) So relevant die Hervorhebung der Unterschiedlichkeit von Geschlechtszugehörigkeit durch gendermarkierte Bezeichnungen in spezifischen Kontexten sein mag, so sehr verstoßen solche Hervorhebungen gegen die Kommunikationsmaxime der Relevanz, wenn – wie in vielen, vielleicht den meisten Kontexten – Geschlechtszugehörigkeit für den jeweiligen Sachverhalt keine Rolle spielt. So geht es im Beispielsatz ausschließlich darum, eventuelle Leidtragende vor Müllers Pedanterie zu warnen. Dieser Hauptpunkt tritt dank der Aufdringlichkeit der Gender-Schreibweise ganz in den Hintergrund.

6
Resonanz

Seit je sind Emittenten an Resonanz interessiert. Solange es sich um die rhetorische Ursituation handelt – Emittent und Publikum am selben Platz zur selben Zeit in unmittelbarer wechselseitiger Wahrnehmung – ist die Identifikation von Resonanz unproblematisch: *Applaus, Missfallensäußerungen* oder *Ausbleiben von beidem* bedeutet Echtzeitreaktion. Beifall, Buh-Rufe u. Ä. während einer Rede sind punktuelle Momentan-Resonanz, etwa auf bestimmte Begriffe oder Kernsätze. Im Falle von Schlussapplaus, Ausbuhen o. Ä. handelt es sich schon um Bilanzierungsergebnisse der Adressaten für den gesamten Auftritt, gegebenenfalls unter bewusstem Einbezug vorgängiger Positionierung. Das gilt verstärkt für Wahlen im Anschluss an Vorstellungsreden oder Abstimmungen nach einer Debatte. Deren Ergebnisse sind durchweg mehr als bloße Resonanz auf unmittelbar vorhergehende Reden. Es kommen Reflexionsmomente hinzu, die über das Rezeptionserlebnis hinausgehen.

Dennoch werden bspw. Wahlergebnisse vielfach als Resonanz auf Wahlkampagnen interpretiert. Dabei ist die Kampagne nur ein – wenn auch wichtiger – Wirkungsfaktor. Die in ihren Interdependenzen nicht exakt ermittelbaren Ursachen- und Bedingungsknäuel sind nach wie vor die *Krux jeder Wirkungsforschung*. Manchmal kommt sie nicht weiter als bis zur Bestätigung von Binsenwahrheiten. So steckt z. B. die Framingforschung bezüglich emotionaler Wirkungen noch in den Kinderschuhen (vgl. Matthes 2014, 73) und hat kaum mehr als die – eher triviale – Erkenntnis geliefert, dass ein Sachverhalt, der als Unglück geframt ist, bei Rezipienten Traurigkeit auslöst, während derselbe Sachverhalt, wenn er so geframt ist, dass er den Rezipienten als negativ zu bewertende, z. B. kriminelle Handlung erscheint, Ärger (über die Verantwortlichen) auslöst (Vgl. Matthes 2014, 75 nach Kühne 2013, 12).

Praktiker politischer Rhetorik bleiben angesichts der Defizite in der Wirkungsforschung auf die Erkenntnisse politikwissenschaftlich orientierter Rhetorik und Linguistik angewiesen, um gerüstet zu sein, im Gewirr der Einflussfaktoren auf politische Prozesse erfolgreich zu kommunizieren. In dieser Tradition bleibt *Resonanzforschung nahe am Rezeptionsprozess*. So wurde beginnend in den 1980er Jahren für politische TV-Streitgespräche, insbesondere für die in Deutschland meistgesehenen – zunächst die ‚Elefantenrunden' mit den Parteivorsitzenden „Drei Tage vor der Wahl", später das „TV-Duell" – nicht nur per demoskopischer Nachbefragung der ‚Sieger' zu ermitteln versucht, sondern mehrfach wurden die *sendungbegleitenden Urteile von Zuschauern* über die Politikeräußerungen mittels elektronisch gestützter Real-time-response-Messverfahren in Fokus-Gruppen festgehalten und analysiert. Dabei zeigte sich, dass die Kriterien, auf die sich die Zuschauer bei ihren Bewertungen von Politikeräußerungen berufen, im Wesentlichen den kommunikationsethischen Maximen (s. Kap. 3.1 und 5) entsprechen (vgl. Klein 2016, 261–274), dass die Politiker/-innen allerdings besonders hohe Zustimmungswerte bei der Äußerung „zustimmungspflichtiger Gemeinplätze" erhielten und dass „in einigen Fällen auch Personalisierung und Emotionalisierung zu positiven Reaktionen über alle politischen Lager hinweg" führten (Reinemann und Maurer 2007, 55).

Parlamentarier erleben als *Resonanz auf Debattenreden* zum einen die Reaktion im Plenum, insbesondere *Beifall* der eigenen Fraktion, zum anderen das *Medienecho*. Zu der Frage, inwieweit Beifall förderlich ist, um in den Medien zitiert zu werden, hat sich in einer Pilotstudie (Klein 2014, 123–126) zur Resonanz auf zehn Reden von Spitzenpolitikern aus CDU (Bundeskanzlerin Merkel), SPD (Bundeskanzler Schröder; Kanzlerkandidat Steinbrück) und Grünen (Bundesumweltminister Trittin) in Bundestagsdebatten zu Risiko-Themen (Atomausstieg, 29. 6. 2000, und Eurokrise, 7. 9. 2011, 29. 9. 2011) gezeigt: Bei den Reden wurde etwa dreimal häufiger Beifall gespendet (127 mal) als wörtliche Zitate in den Print-Leitmedien FAZ, FR, SZ, taz, Welt und BILD zu finden sind (41). Die Differenz ist erklärlich: Parlamentarier spenden Beifall, wenn sie etwas richtig finden und es die Position der eigenen Fraktion bestätigt, Journalisten zitieren wörtlich, wenn sie etwas wichtig finden und es die Leserschaft interessieren könnte. Es gibt allerdings einen Zusammenhang zwischen Zitat und Beifall: Beinahe die Hälfte der wörtlichen Zitate in der Presse (19) sind Beifallstellen. Die Chance, zitiert zu werden, ist an Beifallstellen also deutlich größer als bei den vielen Sätzen, die ohne Applaus bleiben. Beifall ist für Journalisten Anlass erhöhter Aufmerksamkeit und gegebenenfalls ein Relevanz-Indikator.

Beifall wird vor allem gespendet, wenn Äußerungen nach dem Vorbild salienter Sätze knapp, stilistisch gut geformt, appellativ wertend und gezielt platziert sind. Dennoch schaffen es die wenigsten, über ein einmaliges Zitiert-Werden hinauszukommen. Von den 19 in der Presse zitierten Sätzen gelang dies nur dem Satz der Bundeskanzlerin Merkel *Scheitert der Euro, scheitert Europa*. Er wurde sogleich in den führenden Online-Nachrichten-Medien zitiert, am Abend in den TV-Nachrichten und am nächsten Tag in sämtliche Printmedien – meist wörtlich, einmal als Schlagzeile, zweimal in indirekter Rede. In den nächsten Wochen kommentierten andere Spitzenpolitiker den Satz. Merkel wiederholte ihn mehrfach. Bald wurde er als ‚Mantra' der deutschen Regierungschefin bezeichnet, die Ihre Euro-Politik im Wesentlichen durchsetzte. Jahre lang war der Satz in politischen Debatten und in den Kommentaren der politischen Medien präsent. Damit hatte er drei von vier Stadien der Resonanz – gleichzeitig Stufen der Salienz – erreicht:

1. Ein herausragender individueller oder kollektiver Akteur äußert einen pointiert formulierten Satz in einem relevanten Situationskontext u./o. zu einem relevanten Thema, meist akzentuiert durch Platzierung o. Ä.
2. Führende Medien zitieren und kommentieren den Satz sogleich herausgehoben.
3. Der Satz wird zum Bezugspunkt von Diskursen und Kontroversen in politischen Institutionen, Medien und Zivilgesellschaft. Er ist Bestandteil kollektiven politischen Aktualwissens.

Ob *Scheitert der Euro, scheitert Europa* das vierte Stadium, den Sprung über Generationengrenzen und damit die Verankerung im kollektiven Gedächtnis erreichen wird, muss offen bleiben.

Offen muss auch bleiben, ob und gegebenenfalls wie kommende Entwicklungen der Informations- und Kommunikationstechnik sowie der Gehirnforschung die uralte Statik der Grundkonstellation politischer Rhetorik erschüttern und die klare Rollenverteilung zwischen politischen Akteuren als Emittenten auf der einen Seite und der Menge der Adressaten auf der anderen Seite weiter auflösen. Auch wenn Adressaten resonanzbereit waren, die Rollenverteilung wurde nicht tangiert. Mit dem Siegeszug der Sozialen Netzwerke wurde das anders. Sie lassen Emittenz und Resonanz verschwimmen. Schon die Frage wäre falsch, ob bspw. die Mobilisierung im Rahmen der #MeToo-Bewegung 2017 oder der Gelbe-Westen-Massenproteste 2018 in Frankreich Emittenten-dominiert *oder* Resonanz-dominiert seien. Denn

Emittenz und Resonanz durchdringen sich bei jedem und jeder, die in Sozialen Netzwerken bei solchen politisch-medialen Aktionen mitwirken.

Kommentierte Literaturhinweise

Dieckmann, Walther. 1975. *Sprache in der Politik.* **2. Aufl., Heidelberg: Winter.** Der Band stellt eine zweifache Pionierleistung dar: (1) Dieckmann verfolgt einen deskriptiv-analytischen Ansatz und löst so die zuvor herrschenden ideologisch u./o. sprachkritisch geprägten, oft linguistisch defizitären Arbeiten (Stoßrichtung: Sprache der DDR und Sprache des Nationalsozialismus) ab. (2) Er beendet die die Privilegierung der Darstellungsfunktion der Sprache gegenüber den emotiven und appellativen Funktionen. Er versteht „Sprache als Mittel der sozialen Kontrolle" und der „Verhaltenssteuerung". Wegweisend sind die Erkenntnisse zum politischen Wortschatz und zur Komplexität der Bedeutungsstruktur politischer Begriffe. Über die Lexik hinaus weist die Unterscheidung von „Meinungs-" und „Funktionssprache" sowie der „Sprachstile" des Gesetzes, der Verwaltung, der Verhandlung und der Überredung.

Girnth, Heiko. 2015. *Sprache und Sprachverwendung in der Politik. Eine Einführung in die linguistische Analyse öffentlich-politischer Kommunikation.* **2. Aufl. Berlin, Boston: de Gruyter.** Mit Ausführungen zu den Analysemodellen politischer Sprache, zu einem semiotisch fundierten Faktorenmodell politischer Kommunikation und einem Überblick über die Handlungsfelder grundiert der Autor die Darstellung politischer Sprachverwendung auf den Strukturebenen Wort, Text und Diskurs. Über das gesamte Themenspektrum wird die relevante politolinguistische Literatur knapp und präzis erläutert. Den Abschluss bilden exemplarische Textanalysen. Den Kapiteln sind Literaturhinweise und Übungsaufgaben beigefügt.

Holly, Werner. 1990. *Politikersprache. Inszenierungen und Rollenkonflikte im informellen Sprachhandeln eines Bundestagsabgeordneten.* **Berlin, New York: de Gruyter.** In dieser – zumindest im deutschsprachigen Raum – bislang einzigen Studie über die Alltagsrhetorik eines Berufspolitikers wird deutlich, dass die gängige Vorstellung von Politikern als Akteuren an Rednerpult und Mikrophon zu eng ist. Grundlage sind Audio-Aufnahmen, die der Autor als teilnehmender Beobachter von „informeller", d. h. außerhalb institutioneller Gremien stattfindender politischer Kommunikation eines „durchschnittlichen Bundestagsabgeordneten" während je einer Woche in der Bundeshauptstadt und im Wahlkreis gemacht hat. Dabei zeigt sich, welche kommunikative Flexibilität und welch breiter rhetorischer

Registerumfang unter nicht selten widersprüchlichen Anforderungen geboten sind.

Niehr, Thomas, Jörg Kilian und Martin Wengeler, Hrsg. 2017. *Handbuch Sprache und Politik,* **3 Bdd. Bremen: Hempen.** In den Bänden 1 und 2 wird das gesamte Spektrum der Politolinguistik, ihrer Methoden und Gegenstände, ihrer Geschichte und Vorgeschichte sowie ihrer Nachbardiziplinen ausgeleuchtet. Im dritten Band wird die politische Sprache in wichtigen Phasen der deutschen Geschichte untersucht. Ferner werden Anwendungsfelder, z. B. Politikberatung, sowie die politolinguistische Forschung in Nachbarländern thematisiert.

Ottmers, Clemens. 2007. *Rhetorik.* **2. Aufl., Stuttgart/ Weimar: Metzler.** Der Band bietet einen Überblick über das Instrumentarium der klassischen Rhetorik, orientiert an der aus der Antike stammenden Systematik, die z. B. nur drei „Gattungen" kennt (Gerichtsrede, politische Debattenrede sowie Lob-/Tadelrede). Für die politische Rhetorik sind vor allem von Belang: das Topik-Kapitel (in Anlehung an Kienpointner 1992) sowie der Überblick über die zahlreichen „Tropen" und „Figuren".

Roth, Karsten Sven, Martin Wengeler und Alexander Ziem, Hrsg. 2017. *Handbuch Sprache in Politik und Gesellschaft.* **Berlin, Boston: de Gruyter.** „Welches (kollektive, gesellschaftliche, gruppenspezifische, auch individuelle) ‚Wissen' wird durch welche Akteure und

Institutionen mit welchen sprachlichen Mitteln geschaffen, begründet und durchgesetzt" ist die Ausgangsfrage. Die Beiträger beantworten sie auf den Sprachebenen Wort, Mehrworteinheit, Satz und Text. Wichtige Aspekte sind dabei sprachliches Handeln, Argumentation und Multimedialität sowie Akteure (Personen, Parteien) und Handlungsfelder (Massenmedien, Institutionen). Den Abschluss bilden Beiträge zu interdisziplinären Perspektiven.

Wehling, Elisabeth. 2016. *Politisches Framing. Wie eine Nation sich ihr Denken einredet – und daraus Politik macht.* **Köln: Halem.** Thema des partiell populärwissenschaftlichen Bandes sind politisch wirksame kognitive Metaphern und ihre vermutete Verankerung im Gehirn. In den Politikfeldern Steuern, Sozial- und Arbeitsmarktpolitik, Abtreibung, Migration und Umwelt werden zahlreiche metaphorisch geprägte Begriffe des Deutschen identifiziert. Vielfach werden sie aus politisch ‚linker' Perspektive kritisiert.

Literatur

Anderson, Benedict. 1983. *Imagined Communities: Reflections on the Origin and Spread of Nationalism.* London/New York: Verso.
Arendt, Hannah. 2002. *Vita activa oder Vom tätigen Leben.* München/Zürich: Piper.
Aristoteles. 2002. *Rhetorik.* Übersetzt u. erläutert von Christof Rapp. 2 Halbbände. Berlin: Akademie-Verlag.
Austin, John L. 1956/57. A Plea for Excuses. In *Proceedings of the Aristotelian Society:* 1–30. [deutsch. 1977. Ein Plädoyer für Entschuldigungen, In *Analytische Handlungstheorie.* Bd. 1 *Handlungsbeschreibungen,* Hrsg. Georg Meggle, 8–42. Frankfurt a. M.: Suhrkamp.
Bergsdorf, Wolfgang. 1985. Über die Schwierigkeit des politischen Sprechen in der Demokratie. In *Sprachkultur. Jahrbuch 1984 des Instituts für deutsche Sprache,* Hrsg. Rainer Wimmer, 184–195. Düsseldorf: Schwann-Bagel.
Bernard, Andreas. 2018. *Das Diktat der Hashtags: Über ein Prinzip der aktuellen Debattenbildung.* Frankfurt a. M.: S. Fischer

Böke, Karin. 2002. Wenn ein Strom zur Flut wird. In *Politische Konzepte und verbale Strategien*, Hrsg. O. Panagl und H. Stürmer, 265–286. Frankfurt a. M., …: Peter Lang.

Brinker, Klaus, Hermann Cölfen, und Steffen Pappert. 2014. *Linguistische Textanalyse*. Berlin: Erich Schmidt.

Burke, Kenneth. 1950. *A Rhetoric of Motives*. New York: Prentice-Hall.

Burkhardt, Armin. 2004. *Zwischen Monolog und Dialog*. Tübingen: Niemeyer.

Busse, Dietrich. 2012. *Frame-Semantik. Ein Kompendium*. Berlin, Boston: de Gruyter.

Dieckmann, Walther. 1969. *Sprache in der Politik*. Heidelberg: Winter.

Dieckmann, Walther. 2005. Deutsch: politisch – politische Sprache im Gefüge des Deutschen. In *Sprache und Politik. Deutsch im demokratischen Staat*, Hrsg. Jörg Kilian, 11–30. Mannheim, …: Dudenverlag.

Duden. 2012. *Deutsches Universalwörterbuch*. Mannheim, …: Dudenverlag.

Dürbeck, Gabriele. 2018. Das Anthropozän erzählen: Fünf Narrative. In *APuZ* 68. 21–23/2018: 11–17.

Engel, Bernhard, und Angela Rühle. 2017. Medien als Träger politischer Information. *Media Perspektiven* 7-8: 388–407.

Fairclough, Norman 1995: *Critical Discourse Analysis*. Boston: Addison Wesley.

Felder, Ekkehard. 2018. Merkel gegen Seehofer: Der semantische Kampf um die Richtlinienkompetenz. *Blog: Semantische Wettkämpfe*, Hrsg. Ekkehard Felder, 30. Juni 2018.

Felder, Ekkehard. 2018. Verfestigte Sprache. Parteien-Sprech zwischen Jargon der Anmaßung und angemessenem Sprachgebrauch. *APuZ* 46-47: 33–38.

Fischer, Ulrike, und Hans Vorländer. 1993. Zivilreligion und politisches Selbstverständnis. Religiöse Metaphorik in den Antrittsreden der Präsidenten Ford, Carter, Reagan und Bush. In *Die Rhetorik amerikanischer Präsidenten seit F. D. Roosevelt,* Hrsg. P. Goetsch, und G. Hurm, 217–232. Tübingen: Narr.

Fix, Ulla. 2009. Zitier-. Reproduzier- und Mustertextsorten. In: *Oberfläche und Performanz. Untersuchungen zur Sprache als dynamischer Gestalt,* Hrsg. A. Linke und H. Feilke, 353–368, Tübingen: Niemeyer.

Forguson, L. W. 1977. Austins Handlungstheorie. In *Analytische Handlungstheorie. Bd.1 Handlungsbeschreibungen,* Hrsg. Georg Meggle, 43–68. Frankfurt a. M.: Suhrkamp,

Geißler, Heiner. 1979. Generationenkonflikt – Neue Dimensionen gesellschaftlicher Auseinandersetzung. In: *Zukunftschancen der Jugend,* Hrsg. H. Geißler und M. Wissmann, 20–39. Stuttgart.

Girnth, Heiko. 1996. Texte im politischen Diskurs. *Muttersprache* 106: 66–80

Girnth, Heiko. 2015. *Sprache und Sprachverwendung in der Politik. Eine Einführung in die linguistische Analyse öffentlich-politischer Kommunikation.* Berlin, Boston: de Gruyter.

Göhler, Gerhard. 2004. Politische Institutionen als Symbolsysteme. In *Der Mensch – ein ‚animal symbolicum'? Sprache – Dialog – Ritual,* Hrsg. H. Schmidinger und C. Sedmak, 301–321. Darmstadt: Wissenschaftliche Buchgesellschaft.

Göhler, Gerhard, U. Höppner, und S. De La Rosa, Hrsg. 2009. *Weiche Steuerung.* Baden-Baden: Nomos.

Grewendorf, Günther. 1980. Argumentation in der Sprachwissenschaft. *Lili. Zeitschrift für Literaturwissenschaft und Linguistik* 38/39: 129–151.

Grice, Herbert Paul. 1975. Logic and Conversation. In *Syntax and Sematics*. Vol. 3: *Speech Acts*. Eds. P. Cole and J. L. Morgan, 41–58. New York, San Francisco, London: Academic Press [Urspr. Mimeo. 1968.] (Deutsch 1979. Logik und Konversation. In *Handlung. Kommunikation. Bedeutung,* Hrsg. Georg Meggle, 243–265. Frankfurt a. M.: Suhrkamp.

Habermas, Jürgen. 1971. Vorbereitende Bemerkungen zu einer Theorie der kommunikativen Kompetenz. In *Theorie der Gesellschaft oder Sozialtechnologie – Was leistet die Systemforschung?* Hrsg: J. Habermas und N. Luhmann, 101–141. Frankfurt a. M.: Suhrkamp.

Habermas, Jürgen. 1973. Wahrheitstheorien. In *Wirklichkeit und Reflexion. Walter Schulz zum 60. Geburtstag,* Hrsg. Helmut Fahrenbach, 211–265. Pfullingen: Neske.

Habermas, Jürgen. 1981. *Theorie des kommunikativen Handelns.* Bd. I, Frankfurt a. M.: Suhrkamp.

Hermanns, Fritz. 1982. Brisante Wörter. Zur lexikographischen Behandlung partei-sprachlicher Wörter und Wendungen in Wörterbüchern der deutschen Gegenwartssprache. In *Studien zur neuhochdeutschen Lexikographie II,* Hrsg. Herbert Ernst Wiegand, 87–102. Hildesheim, …: Olms

Hermanns, Fritz. 1989. Deontische Tautologien. Ein linguistischer Beitrag zur Interpretation des Godesberger Programms (1959) der Sozialdemokratischen Partei Deutschlands. In *Politische Semantik,* Hrsg. Josef Klein, 69–149. Opladen: Westdeutscher Verlag.

Hermanns, Fritz (2002): Die Inhaltsseite des Wortes. V. Dimensionen der Bedeutung I: Ein Überblick. In *Lexikologie. Lexicology. Ein internationales Handbuch zur Natur und Struktur von Wörtern und Wortschätzen,* Hrsg. Alan Cruse et al., 343–350. Berlin, New York: de Gruyter.

Holly, Werner. 1990. *Politikersprache. Inszenierungen und Rollenkonflikte im informellen Sprachhandeln eines Bundestagsabgeordneten.* Berlin, New York: de Gruyter.

Holly, Werner. 1996. Fernsehrhetorik. In *Historisches Wörterbuch der Rhetorik.* Bd. 3, Hrsg. Gert Ueding, 243–257. Tübingen: Niemeyer.

Holly, Werner. 2016. Sprechendes Publikum? *Lili. Zeitschrift für Literatur und Linguistik* 46 (4): 567–590.

Holly, Werner, Peter Kühn und Ulrich Püschel. 1986. *Politische Fernsehdiskussionen. Zur medienspezifischen Inszenierung von Propaganda als Diskussion.* Tübingen: Niemeyer.

Hopfer, Reinhard. 1995. Der Kompromiß. Strukturelle und funktionale Merkmale eines kommunikativen Handlungsmusters in der Politik. In Sprache im Konflikt, Hrsg. Ruth Reiher, 113–139. Berlin, New York: de Gruyter.

Husar, Jörg. 2016. *Framing Foreign Policy in India, Brazil and South Africa.* Switzerland: Springer.

Kienpointner, Manfred. 1992. *Alltagslogik. Struktur und Funktion von Argumentationsmustern.* Stuttgart-Bad Cannstatt: fromann-holzboog.

Kilian, Jörg. 1997. *Demokratische Sprache zwischen Tradition und Neuanfang. Am Beispiel des Grundrechte-Diskurses 1948/49.* Tübingen: Niemeyer

Kindt, Walther. 1994. Nichtmonotonie und Relevanz. *Sprachwissenschaft* 19: 455–482.

Kindt, Walther. 2000. Argumentationskultur in Bundestagsreden – illustriert an einer Debatte vom 2.4.1998. In *Sprache des deutschen Parlamentarismus,* Hrsg. A. Burkhardt und Kornelia Pape, 319–335. Wiesbaden: Westdeutscher Verlag.

Klein, Josef. 1987. *Die konklusiven Sprechhandlungen.* Tübingen: Niemeyer.

Klein, Josef. 1990. *Elefantenrunden ‚Drei Tage vor der Wahl'. Die ARD-ZDF-Gemeinschaftssendung 1972–1987.* Baden-Baden: Nomos.

Klein, Josef. 1995. Asyl-Diskurs. Konflikte und Blockaden in Politik, Medien und Alltagswelt. In *Sprache im Konflikt,* Hrsg. Ruth Reiher, 15–71. Berlin, New York: de Gruyter

Klein, Josef. 1997. Bewertendes Reden über Migranten im Deutschen Bundestag. In *Die Sprache des Migrationsdiskurses,* Hrsg. M. Jung, M. Wengeler und K. Böke, 241–260. Opladen: Westdeutscher Verlag.

Klein, Josef. 2000. Komplexe topische Muster: Vom Einzeltopos zur diskurstyp-spezifischen Topos-Konfiguration. In *Topik und Rhetorik,* Hrsg. T. Schirren und G. Ueding, 623–649. Tübingen: Niemeyer.

Klein, Josef. 2003. Politische Rede. In *Historisches Wörterbuch der Rhetorik.* Bd. 6, Hrsg. Gert Ueding, 1465–1520. Tübingen: Niemeyer.

Klein, Josef. 2014. *Grundlagen der Politolinguistik. Ausgewählte Aufsätze.* Berlin: Frank & Timme.

Klein, Josef. 2016. *Von Gandhi und al-Qaida bis Schröder und Merkel. Politolinguistische Analysen, Expertisen und Kritik.* Berlin: Frank & Timme.

Klein, Josef. 2017. Saliente Sätze. In *Handbuch Sprache in Politik und Gesellschaft,* Hrsg. K. S. Roth, M. Wengeler, und A. Ziem, 139–164. Berlin, Boston: de Gruyter.

Klein, Josef. 2018. ‚Betrachten der Wirklichkeit' und politisches Framing. Am Beispiel der CDU-Wahlkampagne 2013. In *Wirklichkeit oder Konstruktion? Sprachtheoretische und interdisziplinäre Aspekte einer brisanten Alternative,* Hrsg. E. Felder und A. Gardt, 344–370. Berlin, Boston: de Gruyter.

Klein, Wolfgang. 1980. Argumentation und Argument. In: *LiLi. Zeitschrift für Literaturwissenschaft und Linguistik* 38/39, 9–57.

Klemm, Michael. 2000. *Zuschauerkommunikation. Formen und Funktionen der alltäglichen kommunikativen Fernsehaneignung.* Frankfurt a. Main u. a.: Lang.

Kopperschmidt, Josef. 1990. Gibt es Kriterien politischer Rhetorik? Versuch einer Antwort. *Diskussion Deutsch* 21: 479–501.

Knape, Joachim. 1996. Figurenlehre. In *Historisches Wörterbuch der Rhetorik.* Bd. 3, Hrsg. Gert Ueding, 289–342. Tübingen: Niemeyer.

Knape, Joachim. 2003a. Narratio. In *Historisches Wörterbuch der Rhetorik.* Bd. 6, Hrsg. Gert Ueding, 98–106. Tübingen: Niemeyer.

Knape, Joachim. 2003b. Persuasion. In *Historisches Wörterbuch der Rhetorik.* Bd. 6, Hrsg. Gert Ueding, 874–907. Tübingen: Niemeyer.

Korte, Karl-Rudolf, Hrsg. 2015. *Emotionen und Politik. Begründungen, Konzeptionen und Praxisfelder einer politikwissenschaftlichen Emotionsforschung.* Baden-Baden: Nomos.

Kranert, Michael. 2018. Political myth as a legitimation strategy. The case of the golden age myth in the discourses of the Third Way. *Journal of Language and Politics* 17/6: 882–906.

Kühne, Rinaldo. 2013. Emotionale Framing-Effekte auf Einstellungen. Ein integratives Modell. *Medien & Kommunikationswissenschaft* 61,(1): 5–20.

Kuhlmann, Christoph. 1999. *Die öffentliche Begründung politischen Handelns.* Opladen, Wiesbaden: Westdeutscher Verlag.

Lakoff, George and Marc Johnson. 1980. *Metaphors We Live By.* Chicago, London: University of Chicago Press.

Liedtke, Frank. 2016. *Moderne Pragmatik. Grundbegriffe und Methoden.* Tübingen: Narr.

Luhmann, Niklas. 1969. *Legitimation durch Verfahren.* Frankfurt a. M. Suhrkamp.

Luhmann, Niklas. 1997. *Die Gesellschaft der Gesellschaft.* (2 Bände). Frankfurt a. M.: Suhrkamp.

Lyotard, Jean-François. 1979. *La condition postmoderne. Rapport sur le savoir.* Paris: Edition de Minuit.

Maataoui, Moez. 2018. Partizipation im tunesischen Transformationskontext als Fortsetzung der Revolution von 2010/11. In *Sprache und Partizipation in Geschichte und Gegenwart*, Hrsg. B. M. Bock und P. Dreesen, 257–275. Bremen: Hempen.

Matthes, Jörg. 2014. *Framing.* Baden-Baden: Nomos.

Matuschek, Stefan. 1994. Epideiktische Beredsamkeit. In *Historisches Wörterbuch der Rhetorik.* Bd. 2, Hrsg. Gert Ueding, 1258–1267. Tübingen: Niemeyer.

Müller, Jan-Werner. 2016. *Was ist Populismus? Ein Essay.* Berlin: Suhrkamp

Meyer, Urs. 2012. Politische Rhetorik. In *Historisches Wörterbuch der Rhetorik.* Bd. 10: *Nachträge von A–Z*, Hrsg. Gert Ueding, 907–925. Berlin, Boston: de Gruyter.

Meyrowitz, Joshua. 1990. *Die Fernsehgesellschaft.* Bd.II: *Wie Medien unsere Welt verändern.* Weinheim, Basel: Beltz.

Münkler, Herfried. 2009. *Die Deutschen und ihre Mythen.* Berlin: Rowohlt.

Niehr, Thomas. 2014a. *Einführung in die Politolinguistik.* Göttingen: Vandenhoeck & Ruprecht.

Niehr, Thomas. 2014b. *Einführung in die linguistische Diskursanalyse.* Darmstadt: wissenschaftliche Buchgesellschaft.

Oberreuter, Heinrich. 1987. *Stimmungsdemokratie. Strömungen im politischen Bewußtsein.* Zürich/Osnabrück.

Ostheeren, Klaus. 2009. Topos. In *Historisches Wörterbuch der Rhetorik.* Bd. 9, Hrsg. Gert Ueding, 630–697. Tübingen: Niemeyer.

Ottmers, Clemens. 2007. *Rhetorik.* Stuttgart/Weimar: Metzler.

Perelman, Chaim und Lucie Olbrechts-Tyteca,. 1958. *Traité de l'argumentation: La nouvelle rhétorique*. Paris: Presses Universitaires de France.
Pümpel-Mader, Maria. 2010. *Personenstereotype. Eine linguistische Untersuchung zu Form und Funktion von Stereotypen.* Heidelberg: Winter.
Radunski, Peter. 1980. *Wahlkämpfe. Moderne Wahlkampfführung als politische Kommunikation.* München, Wien: Olzog.
Rademacher-Braick, Wilma. 2017. *Frei und selbstbewusst. Reformatorische Theologie in Texten von Freuen (1523–1558).* St. Ingbert: Röhrig.
Reinemann, Carsten und Marcus Maurer. 2007. Populistisch und unkonkret. Die unmittelbare Wahrnehmung des TV-Duells. In *Schröder gegen Merkel. Wahrnehmung und Wirkung des TV-Duells 2005 im Ost-West-Vergleich,* Hrsg. M. Maurer, C. Reinemann, J. Maier und M. Maier, 53–89. Wiesbaden: VS Verlag für Sozialwissenschaften.
Reisigl, Martin. 2002. „DEM VOLK *AUFS MAUL SCHAUEN, NACH DEM MUND REDEN* UND *ANGST UND BANGE MACHEN*". In *Rechtspopulismus. Österreichische Krankheit oder europäische Normalität?* Hrsg. Wolfgang Eismann, 149–198. Wien: Czernin.
Rezat, Sara. 2007. *Die Konzession als strategisches Sprachspiel.* Heidelberg: Winter.
Römer, David. 2017. *Wirtschaftskrisen. Eine linguistische Diskursgeschichte.* Berlin/Boston: de Gruyter
Römer, David und Martin Wengeler. 2013. „Wirtschaftskrisen" begründen/mit „Wirtschaftskrisen" legitimieren. Ein diskurshistorischer Vergleich. In *Sprachliche Konstruktionen von Krisen,* Hrsg. M. Wengeler und A. Ziem, 269–288. Bremen: Hempen.

Rütten, Dirk. 1989. Strukturelle Merkmale politischer Rundengesprache im Fernsehen. Dargestellt am Beispiel der ‚Elefantenrunde'. In *Politische Semantik*, Hrsg. Josef Klein, 187–230. Opladen: Westdeutscher Verlag.

Sarcinelli, Ulrich. 1987. *Symbolische Politik*. Opladen: Westdeutscher Verlag.

Saussure de, Ferdinand. 1967. *Grundfragen der allgemeinen Sprachwissenschaft*. Berlin: de Gruyter. (Franz. Original 1916)

Scharloth, Joachim. 2017. Ist die AfD eine populistische Partei? – eine Analyse am Beispiel des Landesverbandes Rheinland-Pfalz. *aptum* 1/2017: 1–15.

Schoen, Harald. 2014. Wechselwahl. In *Handbuch Wahlforschung*, Hrsg. Falter, Jürgen W. und H. Schoen. 489–522. Wiesbaden: Springer VS.

Schwarz-Friesel, Monika. 2007. *Sprache und Emotion*. Tübingen: A. Francke.

Searle, John. 1969. *Speech Acts*. Cambridge: University Press.

Searle, John. 1976. A Classification of Illocutionary Acts. *Language in Society* 5: 1–23.

Spieß, Constanze. 2011. *Diskurshandlungen. Theorie und Methode linguistischer Diskursanalyse am Beispiel der Bioethikdebatte*. Berlin/Boston: de Gruyter.

Spitzmüller, Jürgen und Ingo H. Warnke, 2011. *Diskurslinguistik. Eine Einführung in Theorien und Methoden der transtextuellen Sprachanalyse*. Berlin/Boston: de Gruyter.

Stefanowitsch, Anatol. 2018. *Eine Frage der Moral. Warum wir politisch korrekte Sprache brauchen*. Berlin: Dudenverlag.

Steyer, Kathrin. 1997. *Reformulierungen. Sprachliche Relationen zwischen Äußerungen und Texten im öffentlichen Diskurs*. Tübingen: Gunter Narr.

Stötzel, Georg und Martin Wengeler. 1995. *Kontroverse Begriffe. Geschichte des öffentlichen Sprachgebrauchs in der Bundesrepublik Deutschland*. Berlin/New York: de Gruyter.

Strauß, Gerhard, Ulrike Haß und Gisela Harras. 1989. *Brisante Wörter von Agitation bis Zeitgeist*. Berlin, New York: de Gruyter.

Thimm, Caja. 2016. Digitale Demokratie im Kreuzfeuer – Der mühsame Weg zum Digitalen Citoyen. In *Doing Politics – politisch agieren in der digitalen Gesellschaft*, Hrsg. I. Pöttinger, R. Fries und T. Kalwar, 51–68. München: kopaed

van Dijk, Teun. 1980. *Textwissenschaft*. München: Deutscher Taschenbuchverlag.

van Emeren, Frans, R. Grotendorst und F. Snoeck Henkemans. 2002. *Argumentation. Analysis, Evaluation, Presentation*. New Jersey, London: Lawrence Erlbaum.

Waechter, Matthias. 2006. *Der Mythos des Gaullismus: Heldenkult, Geschichtspolitik und Ideologie, 1940 bis 1958*. Göttingen: Wallstein

Wehling, Elisabeth. 2016. *Politisches Framing. Wie eine Nation sich ihr Denken einredet – und daraus Politik macht*. Köln: Halem.

Wengeler, Martin. 1997. Argumentation im Einwanderungsdiskurs. Ein Vergleich der Zeiträume 1970–1973 und 1980–1983. In *Die Sprache des Migrationsdiskurses*, Hrsg. M. Jung, M. Wengeler und K. Böke, 121–149. Opladen: Westdeutscher Verlag.

Wengeler, Martin. 2003. *Topos und Diskurs: Begründung einer argumentationsanalytischen Methode und ihre Anwendung auf den Migrationsdiskurs (1960–1985)*. Tübingen: Niemeyer.

Wenzlaff, Oliver. 2012. *Piratenkommunikation. Was die Eliten in Politik und Gesellschaft von den Piraten lernen können*. München: ambition Verlag.

Ziem, Alexander. 2008. *Frames und sprachliches Wissen*. Berlin, New York: de Gruyter.

MIX
Papier aus verantwortungsvollen Quellen
Paper from responsible sources
FSC® C105338

If you have any concerns about our products,
you can contact us on
ProductSafety@springernature.com

In case Publisher is established outside the EU,
the EU authorized representative is:
**Springer Nature Customer Service Center GmbH
Europaplatz 3, 69115 Heidelberg, Germany**

Printed by Libri Plureos GmbH
in Hamburg, Germany